대한독립을 위해 하늘을 날았던
한국 최초의 여류비행사
권기옥

대한독립을 위해 하늘을 날았던
한국 최초의 여류비행사

권기옥

| 윤선자 지음 |

인간은 자신의 삶을 최고의 작품으로 만들고 싶어 하며, 그러기 위해 최선의 노력을 다한다. 어떤 분야이든 그 분야를 처음으로 개척하는 사람들은 이후 그 길을 가는 많은 사람들에게 방향을 제시하고 방법을 알려준다. 그래서 사람들은 '처음'을 기억하고 기념한다. 권기옥은 '한국 최초의 여류비행사'이다. 그런데 권기옥은 '한국 최초의' 여류비행사이기에만 의미 있는 인물이 아니다. 그가 살았던 시간과 공간에서 가장 요구되는 것을 실천하였기에 '한국 최초의 여류비행사'로 소중하게 기억된다.

역사는 시간과 공간을 배경으로 살아가는 인간들의 삶의 결실이다. 그래서 같은 시간을 살지라도 공간이 다르면, 같은 공간에서 살지라도 시간이 다르면, 그 시간과 공간에서 사는 인간들의 삶은 다를 수밖에 없다. 권기옥은 그가 태어나고 활동했던 한국과 중국에서, 그가 살았던 20세기에 최선을 다해 생활하였다. 권기옥이 태어났던 한국은 그가 어릴 때 일제의 식민지가 되었고, 그는 그 식민지에서 생활하고 공부하며 식민지 한국의 현실을 보았고 깨달았다. 그리고 그 잘못된 현실을 바로

잡기 위해 이국 땅 중국으로 건너갔고, 그 곳에서 비행사가 되었다. 그는 조국에서 근대문물의 총결산인 비행기를 조종함으로써 근대화를 실현하고자 계획하였고, 중국으로 건너간 이후에는 조국의 독립을 위해 비행사가 되기로 결심하였다. 그리고 그 꿈과 결심을 실현하였다. 그의 계획 앞에 많은 어려움들이 놓여 있었지만, 그는 결코 포기하지 않았고, 당당하게 한국 최초의 여류비행사가 되었다.

하나뿐인 자신의 삶을 기꺼이 조국의 독립을 위해 바쳤던 독립운동가들의 희생이 오늘 나의 삶을 가능하게 하였다. 그분들의 삶을 정확하게 조사하고 정리하는 것은 후손들의 의무이다. 그 중에 한 분의 독립운동가인 권기옥의 삶을 찾고 정리하여 발표하게 되었다. 당시의 자료를 찾아내고, 그에 관한 연구업적들을 검토하고, 그의 후손이 한국독립운동사연구소에 기증한 앨범에 있는 사진들을 열람하였다. 그리고 그의 삶을 따라가며 그의 생각을 느끼고 그의 고통을 느꼈다. 나라의 독립을 위해 자신의 모든 것을 쏟아 부었던 그의 결단과 용기에 가슴이 저렸다. 이 작은 책자가 근대화와 조국의 독립을 위해 헌신하였던 권기옥의 생애와 나라사랑을 이해하고 공감하는데 도움이 되기를 바란다. 더불어 열정적이고 희생적이었던 수많은 한국독립운동가들에게 관심 갖는 계기가 되기를 희망한다.

2016년 11월

윤선자

┌ 차례

글을 시작하며 4

• 출생과 어린 시절 8

　첫 이름, 갈네 8 | 숭현소학교에 입학한 기옥 13
　숭의여학교 3학년에 편입 15

• 만세운동과 임시정부에 협력 17

　송죽회 가입 17 | 3·1운동에 참여 18 | 독립운동자금 모금 24
　1919년 10월, 평양만세운동 주도 27 | 평양청년회 여자전도대 결성 29
　평남도청 새 청사에 폭탄 투척 협조 32

• 상하이 망명과 비행학교 수학 35

　중국 상하이로 망명 35 | 손정도 임시의정원장 집에 거처 38
　안창호와의 만남 39 | 노백린과의 만남 41 | 항저우 홍파오여학교 진학 44
　상하이 인성학교 교사 49 | 비행학교 입학을 위한 노력 52
　윈난항공학교를 향하여 56 | 윈난항공학교 생활 60 | 암살 위험 65
　갓 비껴난 죽음 69 | 윈난항공학교 졸업, 첫 한국인 여류비행사 71

● 중국군에서 비행사로 활동 73

상하이로, 베이징으로 73 ㅣ 중국 항공처 부비행사 76 ㅣ 서왈보 비행사의 사망 81

평위샹 군의 항공대 해산 83 ㅣ 이상정과 결혼 84 ㅣ 국민정부 동로항공사령부 비행사 88

국민정부 항공서 제1대 비행사 92 ㅣ 간첩혐의로 중국경찰에 체포되다 94

국민정부 항공서 항공대로 복귀 101 ㅣ 국민정부 항공서 편역원, 항저우항공대 비행사 103

선전비행의 비행사로 선정되어 107 ㅣ 난창 공군도서관 근무 109

스파이혐의로 체포되다 111 ㅣ 이상화와의 만남 115 ㅣ 중일전쟁 발발 후 난징 탈출 116

충칭 육군참모학교의 교관 118 ㅣ 이상정의 임시정부 참여 120

한국애국부인회 재건 참여 122 ㅣ 임시정부 군무부 공군설계위원회 위원 128 ㅣ 해방 전야 132

● 해방과 귀국 134

너무나도 기다렸던 해방 134 ㅣ 28년만의 귀국 138 ㅣ 한국전쟁과 고향 방문 140

『한국연감』 발행 143 ㅣ 하늘로 가다 146

권기옥의 삶과 자취 149

참고문헌 152

찾아보기 163

출생과 어린 시절

첫 이름, 갈네

20세기가 시작된 첫 해인 1901년 1월 11일 평안남도 중화군中和郡 동두면東頭面 설매리雪梅里에서 한 아이가 태어났다. 아이의 아버지는 그 아이를 '갈네'라고 불렀다. 갈네는 '가라' 즉 '죽어라'는 뜻이었다. 기다리던 아들이 아니라 딸이었기에 서운한 마음에 붙인 이름이었다. 그 아이는 8살이 되었을 때, 어떻게 자식에게 그런 이름을 붙일 수 있느냐고 아버지에게 항의했다. 아버지는 '가라'는 뜻의 갈네가 아니라, 칡처럼 길게 살라는 뜻에서 '칡 갈葛자'의 갈네라고 말했다고 한다. 그렇게 아버지로부터 환영받지 못한 딸로 태어난 갈네는 얼마 후 기옥基玉이라는 이름을 얻었고, 훗날 한국 최초의 여류비행사가 되었다.

권기옥은 권돈각權敦珏과 장문명張文明의 네 번째 자식으로 태어났다.

권돈각은 평양성平壤城 안에 살았고 조만식曹晚植(1883~1950)의 아버지 조경학曹景學이 가르치는 서당에 다녔으며 7살에 결혼했다. 16살에 아내가 사망하자 이듬해에 장문명과 재혼한 권돈각은 그 해에 그의 아버지가 사망하자 평양에서 처가가 있는 중화군 동두면 설매리로 이사했다. 권기옥은 그녀의 집안이 평양에서 살기 시작한 것은 임진왜란 무렵 경상도 안동安東에서 피난 왔다가 정착하면서부터였던 듯하다고 추측했다.

권돈각과 장문명은 7명의 자식을 낳았는데 첫째인 딸과 둘째인 아들은 태어나자마자 사망했다. 1897년 셋째인 딸 길네, 1901년 넷째인 딸 갈네, 1902년 다섯째인 아들 기복基福, 여섯째인 딸 기화基和, 일곱째인 딸 기영基英이 태어났다. 첫째와 둘째 자식이 사망한 후 얻은 셋째에게 부모는 '길吉하게 길게 살라'는 뜻에서 '길네'라는 이름을 주었다. 딸이었지만 길네는 그들에게 너무나도 소중한 자식이었다.

그런데 노름벽이 심하였던 권돈각은 "땅문서를 내놓으라"며 아내에게 매질을 하였고, 투전판을 돌며 모든 재산을 탕진했다. 그리고 갈네가 4살 때 처가에서 50리 떨어진 평양성 안으로 이사했다. 5명의 갈네 가족이 도착한 곳은 남의 집 문간방이었다. 갈네 어머니는 죽고 싶다는 말을 되풀이하였고, 몇 달 후 길네와 기복을 데리고 중화군의 친정으로 옮겨갔다. 갈네는 아버지와 평양성 안 남의 집 문간방에 남았다.

평양과 중화에 나누어져 살고 있던 갈네의 가족들은 아버지가 평양부平壤府 상수구리上水口里 152번지, 장대현교회章臺峴敎會(별칭 판동, 널다리교회) 옆에 집을 마련하자 함께 살게 되었다. 갈네가 5살 무렵이었다.

권기옥의 아버지 권돈각과 어머니 장문명(권기옥 앨범)

권기옥의 아버지와 어머니, 그리고 두 여동생 기화와 기영(권기옥 앨범)

대한독립을 위해 하늘을 날았던 한국 최초의 여류비행사 권기옥

권기옥의 집 옆에 있었던 평양 장대현교회(1900년)

　그 무렵 아버지가 장티푸스에 걸렸고, 이어 갈네도 장티푸스를 앓았
다. 일제의 통계자료에 의하면 1908년 310명의 한국인이 장티푸스에
걸렸고, 112명이 사망했다. 당시에는 장티푸스 치료약이 없었고 그만큼
두려운 질병이었다. 어느 날 밤 갈네의 부모는 장티푸스에 걸린 갈네가
죽었다고 생각하여, 날이 밝으면 내다 묻으려 하였다. 그런데 새벽녘 갈
네는 자리를 털고 일어났다. 장대현교회의 전도부인傳道婦人들이 찾아와
기도해 준 덕분에 딸이 살았다고 생각한 갈네의 어머니는 장대현교회에
나가기 시작했다. 이어 갈네의 가족들 모두가 장대현교회에 다녔다. 당
시 장대현교회는 1907년에 평양신학교를 제1회로 졸업한 길선주吉善宙
(1869~1935) 목사가 선교를 맡고 있었다. 기옥은 16살에 장대현교회에

서 에스더라는 세례명으로 세례를 받았다.

평양에서 가족들과 함께 살게 된 이듬해 갈네의 여동생 기화가 태어났다. 어머니는 아기를 낳은 후 몸이 아파 자리에 누워 있었고, 언니 길네는 학교에 다녔기 때문에 갈네가 아기를 돌보았다. 그 즈음 갈네는 언니의 교과서를 들여다보며 글자를 익혔다. 한글을 읽을 줄 안다고 생각한 아버지는 갈네에게 성경을 읽어보라고 하였다. 갈네가 거침없이 성경을 읽어 내려가자 학교에 보내려고 했으나 6살 갈네는 학교에 가지 않겠다고 했다. 훗날 권기옥은 당시에 자신이 왜 그렇게 말했는지 모르겠다고 회고하였다.

갈네가 7살이었을 때 장티푸스가 갈네의 외가도 휩쓸었다. 갈네는 잔심부름꾼으로 중화군의 외가에 보내졌다. 외가에 있는 동안 갈네는 외할머니를 따라 교회에 다녔다.

9살이 되던 설 무렵 갈네는 평양의 부모 곁으로 돌아왔으나 집안 형편은 다시 어려워져 있었다. 그 해 봄 갈네보다 한 살 아래인 남동생 기복이 숭덕崇德학교에 입학하였는데, 갈네는 학교에 가는 대신 자신의 옷을 만들어 입고 아기 모자를 만들어 판매했다. 약 2년 후 학교를 졸업한 언니 길네, 즉 기흥이 집안 살림을 맡게 되었지만 11살 갈네는 학교에 가지 못하고 은단銀丹(仁丹) 공장에 여공으로 취직했다. 그리고 3원의 월급을 받는데 당시 쌀 한 말이 50전이었다.

숭현소학교에 입학한 기옥

은단 공장에서 약 1년 동안 은단 알을 빚었던 갈네는 1912년 봄 장대현 교회에서 운영하던 숭현崇賢소학교에 입학하였다. 장대현교회로부터 여러 번 입학을 권유받았으나 월사금月謝金 40전이 그녀의 입학을 어렵게 하였다. 그러던 중 교회에서 갈네의 월사금 면제를 제안하였고, 갈네는 숭현소학교에 입학하였다. 학교에 입학한 후 갈네는 기옥基玉으로 불리웠다. 기옥이 입학하였을 때 숭현소학교는 갑·을·병의 초등반, 그 위에 1~4학년, 그 위에 3년제 고등과로 구성되어 있었다. 기옥은 어느 정도 실력을 인정받아 '갑 반'에 입학하였는데 10여 명의 학생 모두가 그녀보다 3~4살 어렸다. 입학한 한 달 후 기옥은 1학년으로 월반하였고, 1915년 봄에는 4학년을 마치고 3년제의 고등과로 진급하였다. 당시 숭현소학교의 학생수는 204명이었다.

숭현소학교에 다니는 동안 기옥은 집안 살림을 도맡았다. 당시 어머니는 한 달에 20일을 자리에 누워 있을 정도로 병약하였는데, 기옥이 14살 때에 언니 기홍이 결혼하였고 어머니는 한 명의 아이를 더 출산하였다. 기옥은 아침밥을 준비해놓고 학교에 갔으며, 저녁에는 아주까리기름 등잔불 밑에서 바느질을 하였다. 동생을 업고 학교에 가기도 하였는데, 기옥의 성적은 언제나 1등이었다. 작문에는 자신이 없었지만 수학과 과학을 특히 좋아했다고 한다.

숭현소학교에서 공부하는 동안 만났던 선생님들 중에 김유선金柔善 선생님과 기옥은 특별한 인연을 계속하였다. 김유선 선생님은 1908년 5월

1918년 평양 숭현소학교 졸업사진(권기옥 앨범)

27일 숭의崇義여학교를 제1회로 졸업한 5명 중 1명으로, 기옥이 숭현소학교 고등과에 진급한 1915년 숭현소학교에 부임하여 3년 동안 근무하였다. 기옥이 고등과에서 공부하는 동안 숭현소학교에서 교육활동을 펼쳤던 김유선 선생님은 1919년 3·1운동 이후 전도대傳道隊에서 기옥과 함께 활동하였다.

김경희金慶喜(이명 金敬姬·金敬喜, 1888~1919) 선생님도 숭의여학교 제1회 졸업생이었는데, 기옥이 고등과에 재학 중이던 1916년 학생들에게 배일사상을 고취했다는 혐의로 면직되었다. 지리 과목 수업 중 하얼

평양 숭의여학교(『숭의80년사』)

빈을 언급할 때 대한독립만세를 불렀고, 안중근安重根(1879~1910) 의사가
이토 히로부미[伊藤博文]를 쾌살한 곳이라 설명하였고 독립 후 그 곳에 안
중근 의사의 동상을 세우자고 말했다는 것이 면직 이유였다. 김경희 선
생님은 일제경찰서에서 수주일 동안 고문당하였고 그로 인해 병을 얻었
다. 기옥이 민족 문제와 독립에 관심을 갖게 된 것은 이러한 선생님들로
부터 교육을 받았기 때문이었다. 1918년 3월 25일 기옥은 숭현소학교
의 고등과를 제13회로 졸업하였다.

숭의여학교 3학년에 편입

1918년 4월 기옥은 5년제 숭의여학교(1903년 10월 31일 설립) 3학년에 편

입하였다. 소학교의 고등과를 졸업하면 무시험으로 여학교 3학년에 편입할 수 있었기 때문이다. 기옥이 편입하였을 때 숭의여학교의 기숙사와 교사校舍가 완공되었다. 기옥의 30여 명 동급생들 대부분이 기숙사에 입실하였는데, 평양에 집이 있었던 기옥은 기숙사에 들어가지 않았다. 숭현소학교 재학 중에 싹튼 민족과 독립운동에 대한 기옥의 관심은 숭의여학교 재학 중 더욱 커졌다. 김경희 선생님의 동생인 김애희金愛熹 선생님도 수업시간에 은근히 독립사상을 고취시키고자 노력하였다.

만세운동과 임시정부에 협력

송죽회 가입

숭의여학교에 편입한 1918년 가을, 기옥은 수학선생님 박현숙朴賢淑 (1896?~1980)의 권유로 송죽회松竹會(송죽결사대)에 가입하였다. 송죽회는 1913년에 김경희·이효덕李孝德(1895~1978)·황애덕黃愛德(1892~1971) 선생님 등이 중심이 되어 숭의여학교에 결성한 비밀결사였다. 송죽회의 목표는 국외에서 활동하는 독립운동가들의 가족을 돕고 독립군의 군자금을 지원하며, 독립을 위해 회원들의 실력을 기르는 것이었다. 박현숙(1915년 제6회)·송복신宋福信(1916년 제7회)·이마대李馬大(1916년 제7회)·채광덕蔡光德(1916년 제7회)·황신덕黃信德(1915년 제6회) 등이 먼저 참여하였고, 이어 김옥석金玉石·박경애朴敬愛(1916년 제7회)·서徐매물(1916년 제7회)·이혜경李惠卿·최의경崔義卿·최자혜崔慈惠(1916년 제7회)·홍洪마리아·

홍마태洪馬太 · 황성도黃聖道 등이 가입하였다. 즉 숭의여학교의 제6회와 제7회 졸업생들이 참여하였다.

송죽회는 회원 중 한 사람이 추천하여 회원 모두가 찬성해야 가입할 수 있었다. 가입 이후에는 매월 30전의 회비를 내야 했고, 매월 15일 밤 12시에 열리는 회의에 참석해야 했다. 회의 장소는 숭의여학교 기숙사 지하실이었는데 먼저 태극기를 펴서 경의를 표하고 나라의 독립을 구하는 기도를 했다. 그리고 각자 자신을 성찰하고 서로를 비판하는 시간을 가졌다.

박현숙 선생님은 1915년에 숭의여학교를 졸업하고 그 해 4월에 전주 기전紀全여학교 교사로 부임하여 근무하다가 1917년 4월에 숭의여학교 교사로 부임하였다. 기옥에게 송죽회 가입을 권유하였을 당시 박현숙 선생님은 송죽회의 제3대 회장이었다.

숭의여학교 설립 30주년을 기념하여 『동아일보』가 기획 연재한 「숭의여고 30년」(1933년 11월 1일) 기사는 "기미운동 당시 김 마리아를 머리로 하는 애국부인단 단원의 대부분이 동교 출신으로서 이 애국부인단을 낳아놓은 혁신단체 송죽회가 동교(필자 주 : 숭의여학교) 안에서 생겨나고"라며 송죽회를 언급하였다. 송죽회가 3 · 1운동에 큰 영향을 미쳤다는 의미였다.

3 · 1운동에 참여

전국적으로 3 · 1만세운동이 일어났던 1919년, 기옥은 숭의여학교 4학년이었다. 평양에서의 만세시위를 위해 1919년 2월 12일 평양기독교서원에서 제1차, 2월 20일 평양기독교서원에서 제2차, 2월 24일 길선주 목사 집에서 제3차, 2월 25일 숭현여학교에서 제4차 준비회담이 이루어졌다. 그 사이 2월 14일부터 1주일 동안 병을 핑계로 평양의 기홀병원記忽病院, The Hall Memorial Hospital에 입원한 이승훈李昇薰(1896~1930)이 장로교의 길선주 목사, 감리교의 신홍식申洪植(1872~1939) 목사 등과 비밀회의를 거듭하였다.

고종의 붕어崩御 소식을 전해들은 숭의여학교 학생들은 흰 댕기를 매고 소복을 입어 슬픔을 표시했다. 숭의여학교의 3·1만세운동은 박현숙·정익성鄭益成·설명화薛明花 선생님들과 송죽회 회원들을 중심으로 준비되었다. 박현숙 선생님은 남산현南山峴교회의 신홍식 목사 집에서 여러 차례 평양의 만세운동을 논의하였고, 태극기 제작과 애국가 등사 일을 맡았다.

1919년 2월 20일경 박현숙·정익성 선생님은 권기옥·김명덕金明德·김순복金順福·김옥석金玉石·박정인朴貞仁·배인수裵仁守·장성심張聖心·차진희車鎭姬·최순덕崔順德(이명 崔信德, 1897?~1926)·한선부韓善富 등 10명에게 태극기를 만들게 하였다. 1915년 숭의여학교의 재적 학생은 200여 명이었는데, 교장은 숭의여학교의 재학생 수가 300명을 초과하지 않게 하였다. 따라서 태극기 제작을 맡은 10명의 학생은 숭의여학교 재학생이 200명이면 5%, 300명이면 약 3%의 숫자였다. 10명의 학생들 중에 박정인·장성심·차진희는 1919년 제10회, 권기옥·배인수·한선부는 1920년 제11회, 김옥석은 1921년 제12회의 숭의여학교 졸업생 명단

평양 숭의여학교 기숙사(『숭의80년사』)

에서 이름이 확인된다. 박현숙 선생님은 기옥 등에게 독립을 위해 일해
야 한다고 강조하였으며, 뜻이 통하는 친구들끼리 연락을 해 두라고 하
였다. 또한 모든 것은 극비리에 추진해야 한다며, 행동할 시간과 장소는
그때그때 알려주겠다고 하였다.

설명화·정익성 선생님은 박정인·장성심·한선부 등 3명의 학생대표
들을 불러 고종 인산因山 직후 군중에게 나누어 줄 것이라며 태극기 제작
을 지시하였다. 그런데 일본인 호시코(星子)가 학교기숙사 2층에 기거하
고 있었기 때문에 학교기숙사 안에서는 태극기를 만들기도, 애국가 가
사를 등사하기도 어려웠다. 그래서 학생들은 미술교사 구순선具順善 선
생님의 방에서 3일 동안 200여 개의 태극기를 만들었다. 2월 27일 박현
숙 선생님은 숭의여학교 기숙사로 평양 정진正進여학교의 음악교사 박

충애朴忠愛 선생님을 모셔왔다. 박충애 선생님은 독립창가를 작성, 인쇄하였다.

학생들은 2월 28일 밤부터 3월 1일 새벽까지 2명씩 그들이 만든 태극기를 자신들의 치마폭 속에 감추어 만세시위 예정지인 숭덕학교 지하실로 옮겼다. 박현숙 선생님은 그리스도교 신자 박충애朴忠愛와 함께 태극기를 만들어 평양 대찰리大察里의 그리스도교 신자 이성실의 집 장롱 속에 숨겨두었다. 그리고 빨래광주리와 물지게에 넣어 숭덕학교 교정까지 운반하였고 이어 남산현교회로 옮겼다.

조선의 국기國旗는 1882년 9월 25일 특명전권대신 겸 수신사 박영효 朴永孝(1861~1939)에 의해 만들어졌다. 1883년 3월 6일 통리교섭통상사무아문統理交涉通商事務衙門이 '이미 제정'된 조선의 국기를 반포하였다. 이후 조선의 국기인 태극기는 조선의 군권과 백성을 의미하였고, 국권 상실 이후에는 국권회복과 독립의지를 나타내는 상징이 되었다. 태극기의 상징성을 분명하게 보여준 것이 3·1운동 때였다. 일제는 태극기를 만든 사람은 물론 태극기를 지닌 사람들도 독립운동가로 여겨 탄압하였다. 태극기를 들고 만세운동에 앞장선 이들은 일제경찰에게 손을 절단당하여 순국하기도 하였다.

1919년 3월 1일 정오 평양시내의 각 교회 종각에서 울리는 종소리를 신호로 고종황제 봉도식이라는 명목 아래 장대현교회(장로교)의 앞마당인 숭덕학교 교정에 1천 명 이상, 남산현교회(감리교)의 뜰 안에 약 800명이 모였다. 설암리薛巖里의 천도교구당에는 천도교 신자들이 모였다.

남산현교회에서는 박석훈朴錫薰(1883~1919) 목사의 개회선언으로 독립선언식이 거행되었다. 같은 시간 숭덕학교에서는 강규찬姜奎燦(1874~1945) 목사의 개회선언, 이일영李一永 목사의 기도에 이어 김선두金善斗(1876~1949) 목사가 「독립선언문」을 낭독하였다. 이어 강규찬 목사가 독립운동에 관심을 가져달라고 군중에게 연설하였고, 그의 연설이 끝났을 때 군중에게 태극기가 배포되었다. 숭덕학교 교사 곽권응郭權膺(이명 郭權應, 1895~1950)이 "대한독립만세"를 선창하였고, 군중은 숭덕학교 교정을 출발하여 설암리 천도교구당 집회에 모인 군중과 합류하여 남문거리의 평양경찰서 앞에 이르러 남산현교회에서의 집회를 마치고 진출한 행렬과 합류하였다. 이어 그 곳에서 한 갈래는 평남도청과 평양재판소 앞 큰 거리를 누비며 평양역 광장까지 나아갔고, 다른 한 갈래는 평양부청 옆과 일본인 중학교 옆 거리를 거쳐 평양감옥 뒷거리와 서성리西城里, 서문西門 밖 큰 거리를 행진하였다. 기옥도 소리 높여 만세를 부르며 시위군중과 함께 움직였다. 일제경찰은 소방대를 동원하여 물을 뿌리며 군중을 해산하려 하였고, 군중을 향해 발포하였다. 이 날의 만세운동으로 많은 사람들이 체포되었는데, 3월 2일 박현숙 선생님이 집으로 찾아온 경찰에 의해 체포되었다.

3월 4일 숭실崇實학교 대학부·숭실중학교·숭의여학교·광성光成고등학교·평양고등보통학교 등의 학생들이 서로 긴밀한 연락을 취해 가며 일제히 궐기, 각기 학교 안과 학교 주변에서 만세시위운동을 전개하였다. 만세운동 주동자 검거가 시작되었고 박현숙 선생님이 체포되었다는 소식이 숭의여학교에 전해졌다.

학교 주변에 형사들이 가득하였지만 기옥과 학생들은 만세시위를 계속하기로 논의하였다. 기옥을 포함하여 태극기를 만든 10명과 계수정桂遂晶 · 김순보金順寶 · 김영복金永福 · 박영심朴英心 · 편성심片聖心 등 숭의여학교의 20여 명 학생들은 숭의여학교 단독으로 만세시위를 하자고 의견을 모았다. 3월 5일 숭의여학교 학생들은 학교 정문으로는 나가기 어려우므로 학교 뒷담 밑에 뚫려 있는 구멍을 통해 한 사람씩 빠져나갔다. 그리고 경창문景昌門 밖 성경학교 앞을 지나 평양신학교 기숙사 앞으로 행진하며 "독립만세"를 부른 후 학교로 돌아갔다.

일제는 이 날의 만세시위 주모자 색출에 혈안이 되었는데 미국인 학교장이 책임지고 처리하겠다고 약속하여 학생들의 체포를 막았다. 그러나 며칠 후 기옥은 길을 걸어가다가 이 날의 만세시위로 형사에게 체포되었고, 평양경찰서에서 3주의 구류처분을 받고 유치장에 감금당하였다. 기옥의 아버지와 안면이 있는 한국인 형사 1명이 기옥을 알아보았고, 은단을 사서 들여보내주면서 "참고 지내라"고 하였다 한다.

평양의 3·1만세운동으로 3월 1일부터 8일까지 400여 명이 검거되었다. 그 중 일부는 경찰에서 고문당한 후 구류 또는 석방되고, 나머지는 즉결재판으로 태형笞刑을 받고 48명은 검찰로 넘어가 기소되었다. 1919년 4월 14일자 『매일신보』는 3·1만세운동으로 평양감옥에 745명이 수감 중이라고 하였다.

3·1만세운동으로 체포된 이들은 판결을 받고 무죄로 석방되었거나 유죄로 수감되었거나, 어떤 경우라도 엄청난 폭행과 모욕을 당하였고 열악한 감방생활을 견뎌야 했다. 여성들은 그 정도가 훨씬 심하였다. 박

은식의 『한국독립운동지혈사』에 의하면, 평양에서 체포·수감된 여학생에게 일제는 불에 벌겋게 달군 쇠꼬챙이로 음문을 지지면서 사내가 몇이냐고 묻는 등 갖은 악형과 폭언 등으로 욕을 보였다.

독립운동자금 모금

3·1만세운동으로 감금당한 지 3주 후 기옥은 석방되었다. 이후 기옥은 개인적으로 독립운동자금 모금활동을 펼쳤다. 대한민국임시정부(이하 임시정부로 약칭)는 수립 직후 정부예산의 기본 재원으로 조세 수입인 인구세와 함께 세외稅外 수입인 내외공채·애국금 등을 확정하였다. 1919년 5월 2일 임시의정원은 내외공채 모집을 결의하였다. 그리고 대한민국 원년 독립공채를 액면가 1000원·500원·100원의 3종으로 발행하였다.

기옥은 한 명의 회원이 체포됨으로써 비밀결사 송죽회의 회원 모두가 검거되었다고 생각하였다. 그래서 개인적으로 독립운동자금 모금활동을 전개하였다. 조직이나 비밀결사를 통한 활동은 정보 유출이 쉽고, 정보가 새어 나가면 모든 계획이 실패한다고 생각한 때문이었다. 기옥은 먼저 숭의여학교 학생들을 대상으로 모금하였는데, 여학생들은 자신들의 긴 머리카락을 잘라서 팔거나 어머니의 패물을 팔아서 마련한 돈을 기꺼이 독립운동자금으로 내놓았다. 당시 대동군大同郡 군수 부인과 문文씨 성을 가진 변호사 부인은 상당한 금액을 냈다고 한다.

기옥은 임시정부 연락원으로부터 공채 묶음을 받아 그녀의 어머니에게 맡겨두었고, 필요할 때마다 어머니께 숨겨둔 공채 묶음을 달라고 하

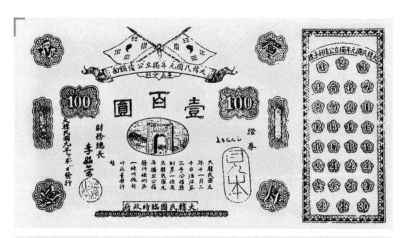
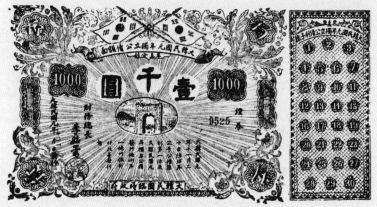

대한민국임시정부 명의로 발행된 독립공채(국사편찬위원회, 『대한민국임시정부자료집』 44, 72쪽)

였다. 장대현교회와 담 하나를 사이에 두고 있었던 기옥의 집 담 옆으로
는 포플러 나무들이 가지런히 서있었는데 어머니는 '오른쪽에서 몇 번째
나무 옆 담의 몇 번째 기왓장'하는 식으로 공채를 숨겨둘 비밀 장소를
정했다. 그 무렵 기옥의 아버지도 상하이[上海]에 대한민국임시정부가 수

립되었다는 말을 주변 사람들에게 하였다. 아버지의 이런 모습이, 그녀가 공채를 판매하면서 용기를 잃지 않도록 하는데 큰 도움이 되었다고 훗날 그녀는 회고하였다.

이즈음 기옥은 김재덕金在德(이명 金球·金龜, 1893~1981)으로부터 평양에서 20리 거리에 있는 어느 과수원에 있는 권총을 가져다 달라는 부탁을 받았다. 김재덕은 1919년 10월 6일자 일제의 보고자료[高警 第28470號 地方民情彙報]에 의하면, 김정목金鼎穆·장재순張在淳·숭실학교 교사 등을 중심으로 청년회를 조직하여 활동하였다. 그는 『독립신문』과 임시정부의 각종 문서들을 배포하고, 독립운동자금을 모금하였다.

기옥은 동생 기복과 어머니의 도움을 받아 김재덕에게 권총을 찾아다 주었다. 4년간 이질로 고생했던 기복은 몸집이 작아 권총을 발목에 노끈으로 묶고 그 위에 대님을 맨 다음 자전거를 타고 가져왔으며, 그 권총을 기옥의 어머니가 김재덕에게 전하였다. 권총을 전해줄 약속 장소는 기옥의 숭의여학교 친구인 최순덕의 집이었다. 최순덕은 대동군 군수의 조카로 사랑채가 딸린 큰 한옥에 살고 있었다. 그런데 최순덕의 사랑채에서 기옥의 어머니로부터 권총을 전달받은 김재덕은 총알이 장전된 것을 모르고 방아쇠를 당겼다. 총소리가 났지만 다행히 누구도 체포되거나 문제가 되지 않았다.

이 사건 이후에도 기옥과 어머니는 김재덕과 연락을 계속하였다. 한번은 김재덕이 기옥의 집에 오기로 되어 있었는데, 일본인 형사가 먼저 찾아와 이것저것을 물었다. 그동안 그녀의 어머니는 집을 빠져나가 동구 밖에 숨어 있다가 걸어오는 김재덕과 부딪쳐 일본인 형사가 집에 와 있다는 사실을 알려 피신할 수 있도록 하였다. 그 후 김재덕은 그의 동생 집에 은신해 있다가 일제경찰에게 체포되었는데 동생 부인이 칼로 김재덕이 묶인 줄을 끊어 상하이로 도망갈 수 있었다.

이후에도 기옥은 김순일金淳一 · 김재덕 · 김정목金鼎穆 · 임득산林得山(이명 林亨一 · 陳豊善 · 林一山 · 林如松, 1896~1943) 등을 도와 독립운동자금을 모금하였다. 어느 날 김순일이 기옥을 찾아와 중화군의 한 농가에 숨겨놓은 임시정부의 공채를 평양성 안으로 가져와야 한다고 말했다. 중화군의 농가에 도착한 기옥은 임시정부에서 파견된 윤응념尹應濂과 임득산을 만났고, 공채를 찾아 평양성 안으로 돌아왔다.

1920년 12월 21일자 임시정부 재무부 사무보고서에 의하면, 임시공채관리국 공채모집위원으로 김순일은 평남 중화군과 강동군江東郡, 김재덕은 평남 평양부와 대동군, 임득산은 평북 철산군鐵山郡, 김정목은 평남 진남포부鎭南浦府와 강서군江西郡이 각각 담당 구역이었다. 공채모집위원으로 김순일 · 김재덕 · 김정목은 1920년 4월 29일에 윤현진尹顯振 (1892~1921)의 추천으로, 임득산은 1920년 4월 17일에 임명되었다. 김재덕은 1,000원권 15매, 500원권 30매, 200원권 100매를 가져갔고 그 중 3,900원을 모금하였다.

1919년 10월, 평양만세운동 주도

1919년 9월 평양의 학교들은 콜레라로 인해 11일부터 임시휴교에 들어 갔다가 월요일인 9월 29일부터 개학하였다. 1919년 10월 1일, 일제는 이 날을 '시정施政 기념일'이라 하여 공휴일로 지정하고 기념행사를 하였다. 숭의여학교 학생들도 축하행사를 강요받았는데, 학생들은 일제의 시정 기념 축하행사 대신 만세시위를 전개하였다. 기숙사 거주 학생들을 선두로 숭의여학교 학생들은 학교 밖으로 나가며 만세를 불렀다. 숭의여학교와 가까운 거리에 있는 서문여고西門女高의 안경신安敬信(1888~?) 등 한국인 학생들과 지나가던 사람, 그리고 마을 사람들도 함께 만세를 부르며 평양 시가를 행진하였다. 소식을 듣고 출동한 일제의 경찰·헌병·소방대원들이 시위군중 200여 명을 체포하여 경찰서 유치장에 구금하였다. 선우 리鮮于里, V. L. Snook 교장이 시말서를 썼고 학생들은 석방되었다. 그러나 기옥과 계명선桂明善·김성복金聖福·김옥석金玉石·서현자徐賢子·안맥결安麥結(1904~?)·편성심片聖心·한선부 등은 3주 동안 구류당하였다. 기옥과 한선부는 1920년 제11회, 김옥석은 1921년 제12회, 계명선·서현자는 1923년 제14회, 안맥결은 1924년 제15회 숭의여학교의 졸업생 명단에서 이름이 확인된다.

기옥이 3주간의 구류에서 풀려난 지 며칠 지나지 않은 10월 30일부터 11월 4일까지 평양에서는 임시정부 교통부에서 파견된 오능조吳能祚·황보덕삼皇甫德三 등의 주도로 만세시위운동이 전개되었다. 재상해일본총영사관在上海日本總領事館 경찰부 제2과에서 작성한 『조선민족운동연감』에 의하면, 평양의 숭덕학교·숭현여학교·숭의여학교의 모든 학생, 공립보통학교 학생 5명, 임시정부 교통부원 약간 명, 평양청년단원 약간 명, 평양부 주민 약간 명 등 3,000명이 장대현교회와 고등보통학교 운동장에서 만세시위운동을 전개하였다. 그리고 여학생 30여 명, 남학생 50명,

여자 4~5명, 청년 약간 명 등이 체포되었다.

기옥도 체포되어 평양경찰서 유치장에 갇혔고, 임시정부와의 관계를 캐묻는 일본인 형사 다나카(田中)로부터 3주일 동안 고문당하였다. 유치장 천정에 거꾸로 매단 채 물을 먹이는 등 혹독한 고문이 가해졌다. 임시정부공채 판매의 배후를 알아내려는 것이었다. 기옥은 수십 번 기절하였지만 입을 열지 않았다. 다나카는 검찰로 송치하는 기옥의 신문조서에 "이 여자는 지독하다. 죽어도 말을 않는다. 검찰에서 단단히 다루기를 희망한다"는 쪽지를 곁들여 보냈다. 기옥은 혐의사실을 뒷받침할 만한 증거가 없어 집행유예 정도를 예상했지만, 이 쪽지 때문에 '제령 위반'이라는 죄목으로 징역 6월형을 언도받았다. 그리고 여자 죄수들만 수용하는 '영문'감옥으로 보내져 6개월의 형기를 보냈다.

평양청년회 여자전도대 결성

기옥은 6개월의 형기를 마치고 1920년 4월에 석방되었다. 그녀가 수감되어 있던 1920년 3월경 숭의여학교는 기옥 등 17명을 제11회 졸업생으로 배출하였다. 당시 숭의여학교는 교사 9명, 학생 129명이었다. 일제는 기옥에 대한 감시를 더욱 엄중히 하였다. 기옥은 그런 상황에서도 그녀의 집 옆에 있던 장대현교회의 담을 넘어 바깥 출입을 하였는데, 숭의여학교를 졸업한 후였으므로 임시정부 연락원과의 접촉이나 활동을 위한 공간이 없었다. 기옥은 새로운 방법을 찾았고, 숭실학교의 전도대장 차광석車光錫에게 임시정부 연락원과의 연락을 위한 위장수단으로 전도대

권기옥이 전도대장으로 평남 안주를 방문하였다는
신문기사(「여전도대 활동」, 『동아일보』 1920. 5. 9)

에 참여하고 싶다는 뜻을 밝
혔다. 당시는 브라스밴드brass
band를 연주하는 전도대가 교
회마다 성황을 이루었고, 숭
실학교에도 브라스밴드 전도
대가 있었기 때문이다. 차광
석은 여자전도대 결성을 권
하였다. 기옥은 차광석의 두
여동생인 차순석車純錫과 차

묘석車妙錫, 숭의여학교 동창생 한선부 등을 창설단원으로 '평양청년회 여
자전도대'를 조직하였다.

기옥은 '평양청년회 여자전도대'의 전도대장으로 장대현교회에서 첫
번째 전도대회를 개최하고 기도와 연설을 하였다. 이어 각지에서 초청
이 쏟아지자 지방순회를 시작하였다. 1920년 5월 1일 기옥은 길진주吉
鎭周 · 김순복 · 배인수 · 문확실文確實 · 송도신宋道信 · 차순석 등과 함께 평남
안주安州교회에서 전도대회를 열었는데 수천 명이 참석하였다. 배인수 ·
차순석은 1920년 제11회, 길진주 · 송도신은 1921년 제12회 숭의여학
교의 졸업생 명단에서 이름이 확인된다.

길진주의 주악奏樂, 문확실의 독창, 송도신의 양금洋琴, 기타 4음四音 창
가 등이 있은 후 김순복이 '조선 여자의 사정', 배인수가 '금일 청년의 활
동시대'라는 주제로 연설을 하였다. 청중들은 감동하여 3백여 원의 금화
와 8~9개의 은반지를 모아 전도대에 주었다. 다음날은 일요일이었는데

11시경에는 수천 명의 여자들만을 대상으로 2~3인의 전도대원이, 오후 4시경에는 1천여 명의 남녀를 대상으로 여러 명의 전도대원들이 강연을 하였다. 그리고 그 날 오후 8시에는 전날 저녁과 같은 내용으로 각종 연주와 강연을 하였고 다음날 평양으로 돌아갔다. 5월 22일에는 진남포 엡윗청년회 전도부 초청으로 진남포의 감리교회에서 강연회를 개최하였는데 1,300여 명이 참여하였다. 김영신이 '귀한 종자種子를 파播함', 배인수가 '위대한 사업', 12세의 차묘석이 '인물'이라는 주제로 강연을 하였고, 김경숙金京淑과 김순보金順寶가 독창을 하였다.

여자전도대는 전도와 더불어 생활 및 의식 개혁운동을 펼쳤는데 가는 곳마다 큰 성과를 거두었으며 그 활동도 날로 활발해졌다. 그러자 일제 경찰은 전도대의 활동이 종교적인 데에 한정되는 것이 아니라고 생각하여 감시하기 시작하였으며, 기옥은 전도대장이라는 직분 때문에 경찰에 연행되어 시말서를 쓰곤 하였다. 더 이상 전도대를 이끌어간다는 것이 어렵다고 생각한 기옥은 숭의여학교의 김유순金柔順 선생님을 찾아가 전도대장직을 부탁하였다.

1920년 6월 11일 기옥은 전도대장 김유순이 이끄는 9명 전도대원의 한 사람으로 평양역에서 기차를 타고 경성京城 남대문역을 거쳐 6월 15일 경북 대구에 도착하였다. 그 날 오후 기옥과 전도대원들은 대구 동부 남성정南城町교회에 모인 1천여 명의 군중 앞에 섰다. 김유순의 성경 강연, 전도대원들의 찬송가 합창에 이어 김순복이 '시대와 사조'라는 주제로 연설을 하였다. 그런데 연설이 끝나자 일제경찰이 전도대원 모두를 체포하여 감금하였고, 문초 후 석방하였다. 전도대원들은 이에 굴

하지 않고 경산·경주·고령·김천·포항 등 경상도의 20여 곳을 순회하며 전도대회를 계속 개최하였다. 경주 계남啓南학교에서는 수천 명이 모인 가운데 3일 동안 강연회를 개최하였는데 기옥과 김순복·문확실·송도신·주봉은(1921년 숭의여학교 제12회 졸업)·차순석·한선부 등이 강연을 하였다. 그리스도교 신자들이 940원, 비그리스도교 신자들이 420원을 갹출하여 전도대에게 주었다. 기옥과 전도대원들은 한 달여의 경상도 순회 전도대회를 마치고 7월 중순 평양으로 돌아갔다. 이후 기옥은 여자 전도대 활동을 멈춘 것 같다.

평남도청 새 청사에 폭탄 투척 협조

1920년 7월 하순, 전년도 11월에 일제경찰의 체포를 피해 상하이로 탈출하였던 김재덕이 기옥을 찾아왔다. 미국 국회의원 동양시찰단의 한국 방문 기회를 이용하여 항일투쟁의 모습을 보여줌으로써 국제여론을 환기시키기 위해 임시정부에서 밀파한 안경신·장덕진張德辰(1898?~1924) 등을 숨겨달라는 것이었다.

임시정부 노동국勞動局 총판總辦 안창호安昌浩(이명 安彰昊, 1878~1938)의 연락을 받은 광복군사령부 참모장 이탁李鐸(이명 李濟鏞, 1889~1930)은 3개의 행동대를 편성하여 국내에 파견하였다. 그 중 김예진金禮鎭(1898~1950)·문일민文一民(이명 文逸民·文熙錫, 1894~1968)·박태열朴泰烈(이명 朴椋植·朴雲瑞, 1874~?)·안경신·우덕선禹德善·장덕진 등으로 구성된 제2대가 평양에 파견되었다. 이들은 독립운동가와 국내동포들을 핍

평남도청 새 청사에 폭탄이 투척되었다는 신문기사
(「폭탄범 安敬信, 평남도 제3부에 던졌던 폭탄범 연루자들을 체포」,『매일신보』1921. 5. 10)

박하는 일제의 탄압수탈기관인 평남도청을 폭파하기 위해서 온 것이었다. 그런데 이 일은 평양 거주민의 도움 없이는 쉬운 것이 아니었으므로 기옥에게 도움을 요청한 것이었다. 그러나 기옥의 집이나 기옥이 믿을 만한 사람의 집에는 일제의 감시 때문에 곤란하였다. 기옥은 마침 여름방학 중이라 거의 비어 있다시피 한 숭현소학교에 그들이 숨는 것이 적당하다고 생각하여, 그녀가 전부터 신뢰해 왔던 숭현소학교 수위에게 협조를 구하였다. 그리하여 숭현소학교 지하실 석탄창고 속에 임시정부 파견원들을 숨게 하였다. 문일민 등은 석탄창고 속에서 폭탄을 만들었다.

1920년 8월 3일(음 6월 19일) 저녁 문일민 등은 제조한 폭탄을 가지고 석탄창고를 빠져나갔다. 그리고 그 날 저녁 9시 50분경 평안남도 제3부의 새 청사에 폭탄을 투척하였다. 새 청사의 바깥 벽과 유리창이 파

괴되었고 일제경찰 2명이 폭살당하였다. 안경신과 장덕진은 평양부청과 평양경찰서에도 폭탄을 투척하였는데 화승火繩이 비에 젖어 불발하였다. 폭파 관련 인물들은 당시 한 명도 체포되지 않았다. 이후 안경신이 1921년 3월 28일에, 박태열은 폭탄투척사건 발생 14년 후에 체포되었다.(『동아일보』 1921년 5월 2일, 「여자폭탄범」; 「박태열판결문」 1937년 2월 8일, 고등법원형사부 참조) 기옥은 상하이로 망명한 후 그 곳에서 장덕진을 만나 이 날의 평남도청 폭탄 투척 사건을 즐겁게 이야기했다.

상하이 망명과 비행학교 수학

중국 상하이로 망명

일제통치기관 폭파 및 독립공채 모금을 통해 임시정부에 적극 협력하고 있던 기옥은 윤응념을 통해 임시정부로부터 새로운 임무를 전달받았다. 윤응념은 1920년 10월 5일에 임시정부의 교통부 참사로 임명되었다. 그런데 기옥은 임시정부가 요청한 임무를 수행하기도 전에 일제경찰에 발각당했다고 하였는데 그 임무가 무엇이었는지는 알 수 없다. 다만 「윤응념 판결문」(1923년 9월 25일, 경성지방법원)에 의하면 당시 윤응념은 진남포 및 황해도 송화군松禾郡에서 『독립신문』·『신한청년』를 배포하고 중국으로 돌아갔다. 그런데 이즈음 평양의 대한애국부인회 조직이 드러나 10월 15일에 회장 안정석安貞錫, 부회장 박현숙 등을 포함하여 106명이 제령 제7호 위반으로 일제검찰에 송치되었다. 평양의 대한애국부인회는

1919년 11월 상순경 임시정부 파견원 김순일·김정목의 권유로 장로교와 감리교의 각 애국부인회를 통합하고 군자금 모금활동을 전개했었다.

독립운동자금 모금과 독립공채 판매, 여자전도대를 결성하여 독립운동가들과의 연락 도모, 평남도청 등 일제수탈기관에 폭탄 투척 관련 혐의 등으로 일제의 감시를 받고 있던 기옥은 이번에도 일제의 체포대상이 되었다. 평양에서 숨을 곳을 찾을 수 없었던 기옥은 남자학교인 숭실학교 기숙사에 몸을 숨겼고, 친구를 통해 집과 연락하였다. 그러던 중 볼 일이 있어 집에 들렀는데, 옷을 갈아입고 있을 때 형사들이 들이닥쳤다. 옷을 갖추어 입지도 못한 채 도망친 그녀는 아는 사람의 집에서 옷을 빌려 입고, 은신처인 숭실학교 기숙사로 다시 들어갔다.

이제 남은 방법은 망명뿐이었다. 다음날부터 그녀의 부모가 대신 체포되었다는 소식이 들려왔다. 어머니는 체포된 그 날 오후에 풀려났다. 더 이상 국내에서 활동하기 어렵다고 판단한 그녀는 윤응념을 따라 상하이로 갈 계획을 세웠다. 숭현소학교 동창으로 대한애국부인회 연합회 교통부장을 맡고 있던 최순덕을 비롯하여 6명이 모였는데 기옥의 나이가 가장 어렸다. 각자 평양을 빠져나가 정한 시간에 진남포에 모이기로 하고, 진남포에 모인 후에는 윤응념의 집이 있는 송화군으로 가고, 송화에서는 밀선密船을 타고 중국의 산둥[山東]반도로 건너가기로 하였다.

한인의 중국 이주 경로는 대개 평북 신의주新義州와 진남포에서 출발하는 두 가지 길이었다. 신의주에서 출발하는 경우에는 안동安東에서 다시 두 가지 경로로 나누어졌다. 하나는 안동에서 바닷길로 상하이에 직항하는 경우이고, 다른 하나는 안동에서 철도로 펑텐[奉天] – 잉커우[營

미 – 톈진[天津]을 거쳐 종착역인 포구[浦口]에 이르러 양쯔강[楊子江]을 건너 난징[南京]에서 수로로 상하이에 도착하는 것이었다. 진남포에서 출발하는 경로는 중국 상선[商船]을 이용하여 산둥반도에 이르러 다시 바닷길로 상하이에 도착하는 것이었는데 많이 이용하는 길은 아니었다.

기옥은 만일의 경우에 대비하여 얼굴에 검정 칠을 하고 머리에는 수건을 써 시골여자처럼 변장했다. 매생이라고 하는 작은 배를 타고 거의 이틀만에 진남포에 도착한 그녀는 진남포교회의 유치원 보육교사로 있던 숭현여학교 동창생을 찾아갔다. 다른 일행들은 제각기 걸어서 그녀보다 이틀 후 진남포에 도착하였다. 일행은 그녀와 윤응념, 최순덕, 젊은 목사, 독립운동에 협조하던 순사보조 출신의 중년 남자와 그의 남동생이었다. 일행은 진남포를 출발하여 며칠 후 큰 과수원을 갖고 있던 송화의 윤응념 집에 도착하였다. 그리고 그 곳에서 다시 배를 기다렸다. 송화에는 풍천[豊川]이라는 작은 포구가 있었는데, 약 2주일 후 배가 도착했다.

송화에서 출발한 배는 풍랑 때문에 20여 일이 걸려 산둥성의 융청현[永城縣] 포구에 도착하였다. 일행은 무사 항해를 기념하자는 뜻에서 나이순서로 이름을 지었는데 홍弘·인仁·의義·예禮·지智·신信의 순서로 한 글자씩 넣기로 했다. 나이가 가장 어렸던 기옥은 '신옥信玉'이 되었다. 그러나 신옥이라는 이름은 기념일 뿐 사용하지는 않았다. 일행은 상하이에서 온 연락원과 산둥반도 포구에서 며칠 묵은 후 연락원의 안내로 상하이를 향해 발걸음을 옮겼다.

손정도 임시의정원장 집에 거처

1920년 11월 말경 기옥은 일행과 함께 상하이에 도착하였다. 기옥과 최순덕은 공공조계 안에 있던 손정도孫貞道(1881~1931) 임시의정원 의장 (1919. 4. 30~1921. 5. 4 재임)의 집으로 안내되었다. 당시 손정도의 집에는 손정도의 두 딸인 17세의 진실眞實, 상하이의 청심淸心학교에 다니고 있던 15세의 성실聖實, 그리고 여러 명의 여학생들이 묶고 있었다. 당시 상하이 거주 한국인의 상당수는 독립운동을 목표로 하였다. 기옥이 도착한 지 얼마 되지 않았던 1921년 2월, 일제는 상하이 거주 한국인은 약 700명인데 그 중 약 200명이 독립운동가라고 하였다. 그리고 500여 명도 직업적인 독립운동가는 아닐지라도 대부분 임시정부와 독립운동을 지지하거나 동정한다고 하였다. 기옥은 손정도의 집에서 노백린盧伯麟(1875~1926)·이동휘李東輝(이명 李誠齊·李覺民, 1873~1935)·정인과鄭仁果(1888~1972) 등 임시정부 요인들을 보았고, 손정도 의장의 비서로 일하고 있던 김재덕도 만났다.

어느 날 기옥은 "이승만李承晩(이명 李承龍, 1875~1965) 박사에게 인사를 드리러 가자"는 손정도 의장의 말에 손진실·손성실, 그리고 몇 명의 여학생들과 함께 손정도 의장을 따라 숙소를 나섰다. 대통령 이승만이 미국 호놀룰루에서 중국 상하이에 도착한 것은 기옥이 상하이에 도착한 지 얼마 되지 않았던 1920년 12월 5일이었다. 대통령으로 선임되어 대통령 직을 수락했음에도 미주에 머물러 있던 이승만이 상하이에 온 것은 대통령의 상하이 부임을 촉구하는 여론이 비등한 때문이었다. 이승

만이 상하이에 왔지만 임시정부의 분란은 계속되어 이승만의 외교독
립노선에 반발한 국무총리 이동휘가 1921년 1월 26일 사퇴하였고, 안
창호도 사퇴 의사를 표명하였다. 이승만도 사임의 뜻을 밝히고 1921년
3월 상하이를 떠나 쑤저우[蘇州]·항저우[杭州]로 여행을 떠났다가 신익희
申翼熙(이명 王邦平, 1894~1956)와 장붕張鵬(이명 張滄南, 1877~1955)의 설득
으로 상하이로 돌아왔다. 그러나 신변의 위협을 느끼고 5월 29일 상하
이를 떠나 하와이로 향했다. 따라서 기옥이 손정도와 함께 이승만을 만
나기 위해 숙소인 손정도의 집을 나섰던 것은 1920년 12월부터 1921년
5월의 어느 날이었다. 그러나 기옥은 그 날 이승만을 만나지 못했다. 이
승만을 만나기 위해 전차를 타고 가는 중에 길을 익히기 위해 '영안공사
永安公司', '선시공사先施公司', '신신공사新新公司' 등 큰 건물들의 간판을 외
우는 데 신경 쓰느라 일행을 놓친 때문이었다. 일행은 프랑스조계지 근
처 정류장에서 내렸는데, 기옥은 전차 종점까지 가버렸다. 그녀는 '영안
공사'라는 단어를 한국어로 묻고 또 물어서 왔던 방향과 반대 방향으로
가는 전차를 타고 별다른 어려움 없이 손정도 의장의 집으로 돌아왔다.

안창호와의 만남

기옥은 안창호가 주도한 흥사단 모임에 참석하였다. 안창호는 미주에서
온 흥사단 단우 김항주·박선제와 함께 1920년 1월 상하이의 영국조계
모이명로慕爾鳴路에 셋집을 얻어 단소를 마련하였다. 김여제金輿濟·박현
환朴玄寰·이광수李光洙(1892~1950)·주요한朱耀翰(1900~1979) 등이 가장 먼

저 입단하였고, 이후 김철金澈(이명 金永澤·金重淸, 1886~1934)·선우혁鮮 于赫(이명 鮮于爀, 1883~1985)·손정도·송병조宋秉祚(1877~1942)·이규서李 圭瑞·이유필李裕弼(이명 李祐弼, 1885~1945)·조상섭趙尙燮(1885~1940)·차리 석車利錫(1881~1945) 등이 정식 단우가 되었고, 김구金九(이명 金龜·金昌洙, 1876~1949)는 특별 단우로 입단하였다.

1920년 9월 20일 흥사단 원동임시위원부遠東臨時委員部가 정식으로 결 성되었다. 기옥은 1920년 12월 29일부터 30일까지 개최된 '흥사단 제 7회 원동대회'에 참석하였다. 기옥은 김순일·이경신李敬信·최순덕 등과 함께 소개되었는데, 통상 단우 18명, 예비 단우 17명, 특별 단우 10명, 객원客員 9명 등 54명이 참석한 제7회 원동대회에서 기옥은『독립신문』 발행을 맡고 있던 이광수·주요한을 포함하여 많은 사람들과 인사를 나 누었다. 주요한은 숭덕학교 출신이었다. 그러나 1921년 1월 27일에 개 최된 제8회 원동대회의 참석자 명단에서 기옥의 이름은 찾을 수 없다. 한국에서는 일제경찰에게 체포당하므로 어쩔 수 없다고 할지라도, 상하 이에서까지 다른 사람들의 눈을 피하는 흥사단 모임이 그녀로서는 이해 하기 어려웠다고 한다.

한편 기옥은 안창호로부터 그녀의 외숙모 소식을 들었다. 안창호는 기옥에게 하와이의 병원에 입원 중인 '딱한 여자'를 늙은 남편과 이혼하 도록 돕고, 미국 본토로 데려가 재혼시켰더니 잘 살더라고 하였다. 그런 데 그 딱한 여자는 23세에 남편(기옥의 외삼촌)과 사별한 후 시누이(기옥의 어머니)가 교회를 통해 주선한 하와이의 한국남자와 사진 결혼한 기옥의 외숙모였다. 하와이에 도착한 후 남편감이 늙은 노동자라는 사실에 속

대한독립을 위해 하늘을 날았던 한국 최초의 여류비행사 권기옥

았다는 것을 알게 된 외숙모는 그 상황을 견디지 못하였고 정신병원 신세를 지게 되었다. 기옥은 외숙모 이야기를 어릴 때부터 알고 있었는데, 안창호가 그 외숙모에게 도움을 주었다는 것을 알고 무척 놀랐다.

노백린과의 만남

기옥은 손정도 의장의 집에서 숙소를 옮겨 노백린·이동휘 등과 함께 지내기도 했다. 당시 이동휘는 상하이의 프랑스조계 하비로霞飛路의 보강리寶康里 23호에 거주하였는데, 15호에 최동오崔東旿(이명 崔學源·崔東五, 1892~1963), 20호에 신숙申肅(이명 申泰鍊, 1885~1967), 24호에 조상섭, 27호에 김구, 44호에 안창호, 54호에 이유필, 60호에 김대지金大池(1891~1942)·남형우南亨祐(1875~1943)·신규식申圭植(이명 申檉·申奎植, 1880~1922), 65호에 김붕준金朋濬(이명 金起元, 1888~?) 가족, 68호에 조성환曹成煥(이명 曹煜, 1875~1948)이 거주하였다. 이동휘는 1921년 1월 24일 위임통치문제로 대통령 이승만과 의견대립하여 임시정부 국무총리 직을 사임하였다.

1921년 2월 2일 미국 하와이에 체류 중이던 노백린이 상하이로 돌아왔다. 노백린은 1916년 미국에 망명하여 독립군기지 건설과 독립군 양성에 주력하고 있던 중 1919년 9월 임시정부 군무총장으로 선임되었다. 제1차 세계대전 중 열강들의 치열한 항공력 경쟁을 목격하고 비행사 양성 필요성을 절감했던 노백린은 김종림金種林의 후원을 받아 1920년 2월 20일 캘리포니아 글린 카운티Gleenn County의 윌로우스Willows에서 호국독립단과 비행기학교를 설립하였다. 비행기학교의 학생수는 1920년 3월 24명을 기록하였고, 그 해 6월에는 30명으로 증가하였다. 6월에는 김종림이 구입한 비행기들이 도착하여 비행술 연습이 시작되었고, 7월 7일 오림하吳臨夏(이명 吳臨河)·우병옥禹炳玉·이용선李用善·이초李超 등 4명이 비행기학교의 제1회 졸업생으로 배출되었다. 비행기학교는 경제적인 어려움 때문에 1921년 4월 폐교되었다. 노백린은 임시정부의 군무총장이자 비행기학교의 교장으로 국무총리 이동휘에게 비행기학교의 준비 단계부터 보고하여 임시정부의 관심과 지원을 끌어내려 하였다.

비행기학교는 미주한인들은 물론 임시정부를 고무시켰다. 그 비행기학교의 교장이었던 노백린과의 만남은 기옥의 꿈을 되살려냈다. 기옥이 숭현소학교 고등과에 재학 중이던 1917년 미군 비행사 아트 스미스 Art Smith(須美須, 1890~1926)가 부산일보사 초청으로 그의 어머니와 함께 한국을 방문하였다. 스미스는 1916년 3월 일본을 방문하여 4개월 동안 도쿄[東京], 나루오[鳴尾], 나고야[名古屋], 오사카[大阪], 카나자와[金沢] 등 일본의 이곳저곳을 방문하였다. 당시 그의 일기(アート·スミス 著, 佐々木弦雄 編, 『日記』, 1916)를 번역 편집하여 출간할 만큼 일본에서 스미스의 인기는 높았다. 스미스는 1917년에 두 번째로 일본을 방문하였고, 이어 한국을 방문하여 부산에서의 비행을 마친 후 9월 15일에는 경성의 용산 연병장龍山練兵場에서 10만 명의 군중이 지켜보는 가운데 비행을 하였다. 용산연병장에서 펼쳐진 스미스의 비행을 『매일신보』는 다음과 같이 보도하였다.

오후 1시 42분이 되어 스미스씨는 비행기를 격납고로부터 끌어내니 일반 관중의 갈채하는 소리 하늘을 움직이는 듯 프로펠러의 용맹스러운 소리가 일어나며 …… 활주를 시작하여 약 40간쯤 날아가서는 번쩍 뜨며 장래를 핑핑 돌아 올라가니 이것은 보통 비행이라 별로 신기할 것이 없으나, 그 급히 오르는 속도는 실로 놀랄 만하더라. 약 5분쯤 되어서는 2천 척을 올랐고 차차 올라가 10분 후에는 5천여 척의 높은 공중을 올라 겨우 솔개미만큼 보이더니 이때 한 덩이의 흰구름이 남산 위로부터 서편으로 바람에 불리워가는 것을 담대한 스미스씨는 그 구름을 쫓아가 구름 속을 돌아가매 만장의 갈채하는 소리 천지를 진동하더라. 구름 속으로부터 돌아와서는 비로소 그 독특의 재주인 '자반뒤지기(주가에리)'를 시작하여 공중에서 재주넘기를 여섯 번이나 하고 그 다음에는 '용트림(킬크누기)'을 하여 3천 척이나 내려왔다가 다시 한 번 재주를 넘고 그 다음에는 곤두박이며 핑을 차는 매와 같이 내려박다가 거의 땅에 닿을 듯하여서는 벌컥 뒤집어 다시 일어나며 땅에 잘 닿도록 몇 바퀴를 돌고 또 한 번 올라갔다 다시 곤두박 내려와서는 무사히 육지에 내리니 꼭 오후 2시오. 비행한 동안은 18분 안이라.　　―「鳥人須美須氏의 비행, 接神한 공중묘기」,『매일신보』1917. 9. 16

평양에서도 스미스의 비행 시범이 이루어졌다. 평양 사람들은 흥분에 휩싸여 비행기가 자신의 머리 위를 지날 때마다 경악과 환호를 감추지 못하였다. 기옥도 넋을 잃고 하늘을 쳐다보았다. 비행기는 갑자기 흰 연기를 뿜기 시작하더니 하늘에 'SMITH'를 그렸다. 그 날 밤 기옥은 잠을 이룰 수 없었다. 낮에 본 스미스의 시범 비행이 꿈인 듯 환영인 듯 그녀의 머릿속을 맴돌았다. 어느 새 그녀는 비행사가 되기로 결심하였다. 어려서부터 대담하고 침착한 자신의 성격이 차분히 움직인 것이라고 기옥은 훗날 회상하였다. 그러나 비행사가 되겠다는 그녀의 결심을 실현할 수 있는 방법이 없었다. 비행기를 처음 보았고, 당시 우리나라에서는 비행사가 될 수 있는 방법이 없었으며, 그렇다고 처녀의 몸으로 외국 유학을 떠날 수도 없었기 때문이다.

1920년 5월 이탈리아 비행사 푸에라린Puerarin과 마세로Maceiro가 로마 - 도쿄 간 대륙횡단 비행길에 한국에도 들렀다. 푸에라린 중위는 23일에, 마세로 중위는 24일에 중국 베이징을 출발하여 신의주에 도착하여 큰 환영을 받았다. 이어 두 사람은 25일 경성에 도착하였는데, 당시 경성 인구의 반이나 되는 10여만 명이 비행기 착륙장인 여의도를 중심으로 노량진·용산·마포에 몰렸다. 이탈리아 비행사들의 비행 소식은 기옥에게 비행에 대한 동경과 이상을 다시 한 번 일깨웠을 것이다.

항저우 홍따오여학교 진학

1921년 늦봄, 기옥은 중국 항저우의 홍따오여학교[弘道女學校, Hangchow Union Girls' High School]에 입학하였다. 상하이에서 생활하는 동안 기옥은 임시정부의 많은 요인들을 만날 수 있었고, 그들과의 만남에서 독립운동을 하려면 실력이 필요하다는 사실을 새삼 깨달았고, 공부를 해야겠다고 생각하였다. 그래서 임시정부의 회계 검사원과 외무차장대리를 역임하고 대한적십자회 회장을 맡고 있던 이희경李喜儆(1890~1941)을 찾아가

약 두 달 동안 영어를 배우기도 했다.

당시 그녀는 영어보다 중국어가 더 급했다. 상하이에 도착한 한국인들은 표준 중국어를 배우기 위해 대부분 난징의 학교들에서 공부하였다. 난징에서 금릉대학金陵大學에 다니던 백영엽白永燁(1892~1973)이 기옥에게 난징 행을 권하면서 자기가 입학 수속도 하겠다고 나섰다. 한국학생이 80여 명이나 있어 외롭지 않을 것이고, 공부도 더 잘 될 것이라고 백영엽은 말했다. 그러나 기옥의 생각은 달랐다. 모두가 생활과 공부에 바쁘니 그녀에게 도움을 줄 수 없을 것이고, 한국인이 많이 살고 있기에 난징에서는 중국어를 배우기 어려울 것이라 생각한 것이었다. 기옥과 함께 손정도의 집에 기거하고 있던 최순덕 등은 백영엽의 권유를 받아들여 난징으로 출발하였다.

그 때 동생 신건식申健植(1889~1963)이 항저우 의학전문학교 즉 저장[浙江]의약전문학교에 다니고 있던 신규식이 기옥에게 항저우를 언급하였다. 기옥은 항저우가 적합하다고 생각하였고, 그녀가 공부할 수 있는 항저우의 학교를 찾았는데 김규식金奎植(이명 金仲文·余一民·王介石, 1881~1950)의 아내 김순애金順愛(1889~1978)가 나서 주었다.

김순애는 1909년 경성의 정신貞信여학교를 졸업하고 부산 초량草梁소학교의 교사로 부임하여 전개한 구국교육활동이 일제에게 발각되어 1912년 어머니와 오빠네 가족들과 중국 통화[通化]로 망명하였다. 1915년 9월 미국 북장로노회에서 설립한 난징의 명덕明德여자중학에 입학하여 공부하였고, 1919년 1월 김규식과 결혼한 후 상하이로 이동하여 그 해 4월경 대한애국부인회를 조직하고 대표로 활동하였다.

기옥은 김순애로부터 서양인 선교사가 설립한 홍따오여학교를 권고받았다. 기옥은 김순애의 권고를 받아들이고 임시정부의 추천서를 가지고 항저우로 출발하였다. 1921년 늦봄이었으니 4월경이었을 것이다.

홍따오여학교는 미국의 남장로교·북장로교·북침례교가 각각 설립하였던 정재貞才·육재育才·혜란惠兰여학당을 1912년에 통합한 학교였다. 1925년에 작성된 일제의 보고자료에 의하면, 학교는 항저우의 신新시장 학사로學士路에 있었고, 소학부(초급 4년제, 고급 2년제), 중학부(초급 3년제, 고급 3년제), 사범부(초급 3년제) 그리고 유치(3년제), 음악과 및 선과選科로 운영되고 있었다. 중학부와 사범부에서는 사회문제·심리학·종교학·근세교육사 등을 포함하여 1주에 50~60시간을 공부하였는데 평판이 좋았다. 당시 400여 명의 학생들이 6명의 외국인 교사를 포함하여 28명의 교사와 함께 생활하였다.

기옥은 홍따오여학교의 서양인 여자교장에게 한문 필담으로 입학하고 싶다는 의지를 표명하였다. 평양에서 여학교 4학년까지 공부했다고 하자, 교장은 기옥에게 3학년 과정 편입시험을 보라면서 시험문제를 갖다 주었다. 그러나 중국어도 영어도 몰랐던 기옥은 답안을 작성할 수 없었고, 백지 답안을 제출하였다. 교장은 중학 1학년부터 시작하라며 기옥의 입학을 허락하였다. 배우겠다는 생각으로 1학년 교실에 들어갔는데 중학 1학년 과정도 기옥에게는 쉽지 않았다. 영어와 중국어를 한 마디도 알아들을 수 없었기 때문이다. 교장은 기옥에게 포기할 것을 권하였다. 그러나 기옥은 포기하지 않았다. 어학은 1학년에 가서 배우고, 수학과 물리는 3학년 교실에 가서 배웠다. 기옥이 외국인이라는 점을 고려하

대한독립을 위해 하늘을 날았던 한국 최초의 여류비행사 권기옥

홍따오여학교 재학 중의 권기옥(전기옥 앨범)

여 학교측에서 특별히 배려해 준 것이었다. 한 학기가 지나자 그녀의 귀에 영어와 중국어가 조금씩 들리기 시작했다.

여름방학이 시작되던 날 기옥은 교장을 찾아가 서툰 영어와 중국어를 섞어가며 긴 방학 동안 바느질과 식사를 해주고 대신 영어를 배울 수 있는 곳을 소개해 달라고 부탁했다. 며칠 후 기옥의 열성에 감동한 교장이 서양인들의 피서지로 유명한 모간산莫干山(浙江省 湖州 德淸县)의 한 선교사 집을 소개했다. 기옥은 그 집의 식사와 바느질을 담당하며 선교사 부인에게서 영어를 배우고 선교사의 아이들과도 자주 영어로 대화했다. 3개월의 방학이 끝나고 학교에 돌아온 기옥은 동급생들에게 영어로 말했고, 그녀의 향상된 영어실력을 본 교장으로부터 칭찬을 들었다. 1921년 11월 11일자 『독립신문』에도 비행학교 입학 희망자들이 어학 때문에 입학에 어려움을 겪는다는 기사가 실렸을 정도로 어학은 중국의 학교들에서 공부하려는 한국인들에게 큰 어려움이었다.

1922년 3월 항저우의 일본대리영사는 홍따오여학교에 2명의 한국인 유학생이 재학하고 있음을 일본외무대신에게 보고하였다. 그러나 영어실력이 향상되지 않았던 1명의 한국인 여학생은 난징의 학교로 돌아갔고, 기옥만이 홍따오여학교의 유일한 한국인 여학생으로 공부를 계속하였다.

1923년 3월 1일 기옥은 항저우 고려사高麗寺에서 열린 3·1운동 기념식에 참석했다. 기옥과 항저우 지장[之江]대학 중학부에서 공부하고 있던 엄항섭嚴恒燮(이명 嚴大衡, 1898~1962) 등 유학생들, 상하이 독립신문사에서 특별 파견한 김문세金文世 기자, 신규식의 가족을 포함하여 14명이 모였다. 기옥과 일행은 3·1운동 기념식 후 고려사 현판을 배경으로 기념 사진을 찍었다.

기옥은 홍파오여학교의 첫 학기 월정시험에서 언어 때문에 낙제하였다. 그러나 여름방학 3개월 동안 선교사의 집에서 영어를 배운 이후에는 1923년 6월 졸업 때까지 성적을 상위권으로 유지했다. 기옥은 중국어를 제외한 과목을 인정받아 "중화민국 12년 6월"로 된 졸업장을 받았다. 교장 앨런 피터슨[裵德生]이 발행한 이 졸업증서는 '학생 권기옥 係高麗國 省人 현재 21세'로 시작된다. 당기 기옥의 실제 나이는 22세였다.

1923년 7월 21일자 『독립신문』의 기사 「아我유학생계 상황」에 의하면, 화동華東에 7명의 한국인 유학생이 있었는데 그 중 엄항섭과 권기옥이 졸업하였다. 일제강점기 항저우에 유학한 한국인 가운데 학교를 졸업한 것으로 확인되는 인물은 엄항섭과 권기옥뿐이다. 정치적·경제적 이유나 전학, 귀국 등을 비롯한 개인적 사유 때문에 일본이나 미국 등지에 비해 중국에서 졸업까지 하는 한국인은 많지 않았다. 대부분의 한국 유학생들이 상하이를 거점으로 삼았고, 항저우의 학교들이 한국인들에게 널리 알려지지 않은 때문이었다.

상하이 인성학교 교사

항저우의 한국 유학생들은 거주하는 한국인이 많지 않고, 특별한 관계가 있는 학교도 없었기에 학업을 마치면 항저우를 떠나 상하이로 나갔다. 대학 진학도 대학들이 다양하고 많은 베이징·상하이·난징 등 대도

시로 갔다.

홍따오여학교를 졸업한 기옥도 상하이로 갔다. 그리고 1923년 6월 말부터 그 해 11월 말까지 인성학교仁成學校의 교사로 활동하였다. 인성학교는 상하이 날비덕로捺斐德路 우기리右記里에 있었고 학생수는 약 25명이었으며, 7월 9일 삼일당三一堂에서 거행된 제4회 졸업식에서 김영애金永愛 · 옥인애玉仁愛 · 정흥순鄭興順 · 현보라玄保羅 등 4명이 졸업하였다. 기옥이 상하이에 도착하였을 때 인성학교의 수업연한은 4년이었고, 교장은 교민단 단장 도인권都寅權(1880~1969)이 겸임하고 있다가 8월부터 이유필이 맡았다. 학감은 윤기섭尹琦燮(이명 仲佳, 1887~1959)이었고, 김두봉金科奉(1889~?) · 김승학金承學(이명 金鐸, 1881~1964) · 김종상金鍾商 · 백기준白基俊(1887~1974) 등이 교사로 활동하였다. 11월 17일에는 관동대지진 때 학살당한 많은 한국인들을 위해 삼일당에서 추도회가 개최되었고 인성학교 학생들이 '추도가'를 불렀는데 기옥도 그 자리에 참석했을 것이다. 그날 학생들이 불렀던 추도가는 다음과 같았다.

1. 목사여 호겸한 원수 / 제 죄로써 입은 천벌
    지다위를 받은 우리 / 참혹할사 이웬일가

2. 산도 설고 물도 선대 / 누로 해서 건너 갔나
    땀흘리는 구진 목숨 / 요것까지 빼앗는가

3. 나그네집 찬 자리에 / 물쥐어 먹고 맘다하여
    애끓던 청년 학도 / 될성부른 싹을 꺽어

4. 온갖 소리 들씨우어 / 이를 갈고 막 죽었네

저 핏방울 쏟은 곳에 / 바람 맵고 서리 차

후렴　아프고도 분하도다 / 원수에게 죽은 동포

하느님이 무심하랴 / 갚을 날이 멀지 않소.

기옥은 홍따오여학교 졸업 후 상하이 인성학교에서 학생들을 가르치고 있었지만, 비행사가 되겠다는 그녀의 꿈을 포기하지 않았고 비행학교 입학을 모색하였다. 그녀가 홍따오여학교에 재학 중이던 1922년 12월에 안창남安昌男(1901~1930)의 모국방문비행이 행해졌다. 1921년 3월경 일본 도쿄 오구리[小栗]비행학교를 졸업한 안창남의 고국방문비행은『동아일보』와『매일신보』를 통해 널리 알려졌고, 많은 사람들이 환호를 받았다.

일제는 일본에서 비행기술을 획득한 식민지 한국인 안창남의 고국방문비행을 적극 지원함으로써 일본의 항공정책 실현과 군사기술 향상을 홍보하고, 아울러 1920년대부터 시작한 과학보급화운동의 일환으로 식민지에의 선전효과를 기대했을 것이다. 고국방문비행 행사를 주관한 동아일보사도 안창남이 한국인 최초로 한국의 상공을 비행함으로써 한민족의 문화생활에 신기원을 이룬다고 하였다. 기옥도 그 소식들을 알았을 것이다. 그러나 그녀가 비행사가 되고자 했던 이유는, 일제가 안창남의 고국방문비행에서 강조하고자 했던 것과는 달랐다. 그녀도 1917년 평양에서 스미스의 시범비행을 보았을 때는 근대과학기술의 총결산으로서의 비행기를 비행하고 싶어 했다. 이후 상하이 망명 이후 임시정부 요인들을 만난 이후에는 조국의 독립운동을 위한 방법으로 비행사가 되고자 했다.

비행기는 과학기술이 총집결된 근대의 산물이다. 그래서 비행기를 조종하려면 근대적인 사고와 태도, 그리고 기술이 필요하다. 1917년 평양에서 아트 스미스의 비행을 본 후 시작된 기옥의 꿈, 비행사가 되겠다는 그녀의 꿈은 1920년 상하이 망명지에서 임시정부의 많은 요인들을 만나면서 되살아났고, 노백린을 만나면서는 더욱 강해졌다. 홍따오여학교에서 중국어와 영어를 포함하여 많은 것을 공부한 이후에는 그 꿈이 더욱 간절해졌다.

한편 기옥이 인성학교 교사로 활동 중이던 때 남동생 기복은 1923년 7월 11일자로 중화민국 정부가 발행한 미국유학비자를 받았다. 기복과 김건후·차영천·김정숙(여)·양복학(여)은 클리브랜드 배편으로 상하이를 출발하여 1923년 11월 14일 미국에 도착하였다.

비행학교 입학을 위한 노력

임시정부는 1919년 7월 「대한민국임시정부 시정방침」의 군사 부분에서 비행대 편성과 비행기 조종·제조 인재 육성문제를 제기하였고, 중국과 미국 등에 위탁교육 시행방침을 수립하였다. 이어 11월 5일 「대한민국 임시관제」에서 군무부가 육군비행대와 해군비행대에 관한 사항을 장리掌理한다고 규정하였다. 그리고 1920년 1월 13일 「국무원포고 제1호」를 발표하여 비행대 편성 문제를 중심한 비행사양성소 설치를 표명하였고, 1920년 3월 「대한민국임시정부 시정방침」에서 비행대 편성을 규정하였다. 비행기를 구입하여 선전용으로 활용하겠다는 계획이었다.

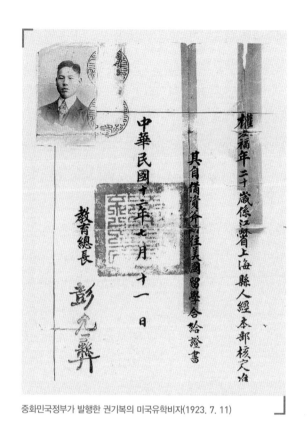

中華民國十二年七月十一日

教育總長 彭允彝

其自備資斧前往美國留學合給證書

權基福年二十歲係江蘇省上海縣人經本部核定准

중화민국정부가 발행한 권기복의 미국유학비자(1923. 7. 11)

임시정부에서 비행기에 관심을 기울인 것은 안창호와 노백린이었다. 안창호는 독립운동에 비행기가 중요한 역할을 하리라 기대하였다. 안창호의 일기에는 비행기 구입을 위해 그가 기울인 노력이 상세히 적혀 있다. 그는 비행기를 구입하고 비행기를 조종할 외국인 비행사를 구하기 위해 미국인·필리핀인·러시아인·중국인들과 다각적으로 교섭했다. 안창호가 비행기를 간절히 원했던 것은 "비행기로 민심을 격발하고 장래 국내의 대폭발을 일으키기 위함"이었다. 그러나 중국 대륙을 횡단하는 연락용 장거리 비행기를 구입해 독립운동에 활용하려던 안창호의 계획은 임시정부의 자금 사정이 악화되면서 무산되었다. 1920년 군무총장 노백린에 의해 미국에 설립된 비행기학교도 경제적인 어려움 때문에 1921년 4월에 폐교되었다. 이후 임시정부는 독자적으로 공군을 양성할 수 없었으므로 중국의 항공학교들에 한국청년들을 위탁하여 비행술을 배우게 하였다.

북양군벌시기(1912~1926) 중국 각 지방의 군벌들은 거의가 비행대(항공대)·비행학교(항공학교)·비행훈련소를 가지고 있었다. 베이징·만주滿洲=東北·광둥[廣東]·광시[廣西]·허난[河南]·허베이[河北]·산둥[山東]·산시[山西]·후난[湖南]·후베이[湖北]·장쑤[江蘇]·저장[浙江]·푸젠[福建]·쓰촨[四川]·윈난[雲南]·구이저우[貴州]·신장[新疆]에 항공학교 및 여러 항공기관들이 있었다.

기옥은 그녀가 비행학교 입학을 희망하였던 1923년 말 중국에 4개의 항공학교가 있었다고 했다. 베이징의 난유안[南苑]항공학교와 바오딩[保定]항공학교, 광둥항공학교, 윈난항공학교인데 모두 군벌들이 설립한 학교였다고 했다.

난유안항공학교는 1913년에 설립된 중국 최초의 정규 항공학교로 프랑스 코드롱Caudron 비행기회사의 쌍엽雙葉=複葉 연습비행기 12대를 구입하고 프랑스인 교관과 기술자 등을 초빙하였다. 1919년에 항공교련소航空教錬所, 1923년 봄에 국립베이징항공학교로 명칭이 변경되었고, 1925년 11월 제4기 졸업생 35명을 마지막으로 문을 닫았다. 바오딩항공학교는 1924년 4월 20일 차오쿤[曹錕](1862~1938)이 중앙항공사령부 산하에 바오딩중앙항공교련소로 설립하였고, 곧 국립바오딩항공학교로 명칭을 변경했다. 광둥항공학교는 1924년 7월 광저우[廣州] 대사두大沙頭에 군사비기학교軍事飛機學校로 설립되었고 그 해 9월에 한국인 김진일金震一을 포함하여 11명이 제1기로 입학하였다. 즉 바오딩항공학교와 광둥항공학교는 기옥이 입학 여부를 타진하였을 때 정식 개학을 하기 전이었다. 한편 만주에는 장쭤린[張作霖](1873~1928)이 1922년 9월 펑텐 동탑東塔에 설립한 동북東北항공학교가 있었다.

안정근安定根(1885~1949)이 기옥의 입학을 주선하였는데, 난유안항공학교와 바오딩항공학교는 여자라는 이유로 그녀의 입학을 거절하였다. 광둥항공학교는 기옥의 입학을 허가하였지만 한 대의 비행기도 없는 학교에서 공부하면 이론만을 아는 비행사가 될 수도 있겠다고 생각한 그녀가 거절하였다.

기옥이 입학할 수 있는 학교는 윈난항공학교뿐이었다. 편지로 교섭하다가 난유안항공학교나 바오딩항공학교에서처럼 거절당할까 염려한 기옥은 윈난으로 갈 것을 결심하였다. 윈난항공학교에서도 거절당하면 비행사가 될 수 있는 방법이 없었기 때문이다. 그녀는 윈난항공학교에 대한 정보를 수소문했다. 친구인 김철남金鐵南(이명 金炳斗, 1895~1952)이 중국인 혁명가 방성도方聲濤에게 기옥의 사정을 말하였고, 방성도가 윈난성장雲南省長에게 보내는 추천장을 써주었다. 임시정부에서는 재무총장 이시영李始榮(1869~1953)이 추천장을 작성해 주었다.

윈난항공학교를 향하여

기옥은 두 장의 추천장을 가지고 윈난을 향해 상하이를 출발하였다. 젊은 여자가 외딴 곳에 가면 안된다고 주변 사람들은 그녀를 만류하였다. 그러나 한 번 결심한 일은 하늘이 무너져도 하고야 마는 기옥이었다. 누구도 그녀의 고집을 꺾을 수 없었다. 비행사가 되기 위한 고생이라면 그런 것쯤이야 각오한 바였다.

1923년 12월 초 기옥은 윈난육군강무학교로 가는 한국청년 3명과 동행하여 윈난을 향해 출발하였다. 1909년 9월 28일 개교한 윈난육군강무당雲南陸軍講武堂=雲南武校이 1912년 윈난강무학교로 개칭되었다. 학교제도는 일본육군사관학교를 모델로 하였고, 학생은 갑·을·병의 3개 반班으로 나누고, 또 보병·기병·포병·공병의 4개 병과兵科로 나누었다. 1909년 제1기부터 1935년 제22기까지 9,000여 명을 교육하였는데 그중 한국적韓國籍 학생은 30여 명이었다. 한국 학생은 1918년 제12기부터 입학하여 제12기에 5명, 제16기에 3명, 제17기에 3명, 제18기에 1명, 1928년 제19기에 1명 등 13명이 확인된다.

기옥과 3명의 한국청년들은 상하이에서 배를 타고 홍콩[香港]과 하이난다오[海南島]를 거쳐 월남의 하이퐁[海防] 항에 도착하였다. 하이퐁에서 하노이[河內]를 지나 윈난성까지는 프랑스인들이 부설한 열차편을 이용하였다. 그리하여 상하이를 출발한 지 거의 한 달만에 윈난성 쿤밍[昆明]에 도착하였다. 찾아갈 곳이 마땅치 않았던 기옥과 일행은 윈난육군강무학교에 다니는 한국청년들이 살고 있다는 곳을 찾아갔다. 윈난육군강무학교를 졸업하고 의무복무기간 동안 한국청년들이 거주하는 곳이었다. 방 두 개의 토막土幕 비슷한 집이었다. 기옥과 일행은 그 곳에서 하룻밤을 묵었는데 한 잠도 이룰 수 없었다. 윈난까지는 왔는데 윈난성장을 만날 일이 큰 문제였기 때문이다. 성장은 독군督軍(관구사령관)도 겸하는 군벌의 총수로 당시 윈난성장은 탕지야오[唐繼堯](1883~1927)로 윈난성은 물론 구이저우성까지 장악하고 있었다.

이튿날 새벽 기옥은 방성도와 이시영이 써준 두 통의 추천장을 들고 윈난성장을 만나기 위해 독군서督軍署로 달려갔다. 위병衛兵들이 그녀에게 총부리를 들이댔다. 그녀는 "상하이에서 독군을 만나러 왔다"고 사정하였다. 위병소衛兵所까지 끌려간 그녀는 유창한 중국어로 독군을 만나러 왔다며 방성도와 이시영의 추천장을 내보였다. 위병들은 추천장을 두고 가면 면담 여부를 곧 통고해 주겠다며 기옥을 위병소 밖으로 몰아냈다. 추천장이 분실되면 큰 일이었지만 다른 방법이 없었다. 실망하여 토막으로 돌아온 그날 밤, 독군서에서 병사가 그녀를 찾아왔다. 다음날 오후 1시까지 오라는 전갈이었다. 그 날 밤도 그녀는 제대로 잠을 이루지 못했다. 독군의 만나자는 전갈은 비행학교 입학을 반半승낙한 것이나 같았기 때문이다.

다음날 기옥은 점심도 먹지 않고 12시 30분경 독군서로 달려갔다. 위병들은 전날과 달리 친절하게 그녀를 응접실로 안내했다. 30여 분을 초초하게 기다리자 작은 체구의 남자가 응접실로 들어왔다. 추천장을 손에 든 탕지야오 독군이었다. 탕지야오는 기옥을 응접실 옆방으로 데려가 비행을 배우러 왔느냐고 물었다. 그리고 한국의 실정과 독립운동에 대하여 이것저것 물은 후 윈난항공학교 교장에게 보내는 친필 편지를 써주었다. "남자들도 비행기를 무서워하는데, 여자가 더구나 독립운동을 하기 위해 변방에까지 왔으니 입학을 허가해주시오. 규정에 없다 해도 특별히 받아주시오." 그런 뜻이었다.

임시정부는 1921년 1월 쑨원[孫文](1866~1925)이 천중밍[陳炯明] (1878~1933)의 군대를 격퇴하여 광둥으로 돌아왔을 때 여운형[呂運亨] (1885~1947)을 광저우로 파견하여 축하하였다. 그리고 그 해 10월에는 임시정부의 국무총리 겸 외무총장 신규식과 외무차장대리 겸 외사국장 박찬익朴贊翊(이명 朴南坡 · 濮純 · 濮精一, 1884~1949)을 쑨원의 광둥정부에 파견하였다. 신규식은 1913년부터 천지메이[陳其美](1878~1916) 등을 도와 위안 스카이[袁世凱](1859~1916) 타도운동에 협력했었다. 1921년 신규식은 광둥으로 가는 도중 홍콩에서 망명 중이던 탕지야오를 만났고, 한국청년들의 윈난강무학교 입학에 대한 지원을 확인받았다. 그리고 11월 3일 쑨원을 방문하여 구이저우 · 윈난 등 광둥정부 예하의 각급 군관학교에 한국청년들이 무시험 입학할 수 있는 약속을 받아냈다.

탕지야오는 군무총장 노백린과 일본육군사관학교를 1908년 제6기로 졸업한 동기생으로, 1916년 윈난성 독군 겸 성장이 되었는데, 1921년 2월에 부하 구핑전[顧品珍](1883~1922)에 의해 축출되어 홍콩에 머물고 있었다. 탕지야오는 일본유학시절 중국과 한국 유학생에 대한 일본정부의 규제 때문에 한국의 현실을 이해하게 되었고, 1909년 귀국 길에 한국의 경성을 경유하면서 깊은 인상을 받았다. 그는 당시 경성 거리를 거니는 학생들 모두가 생기있고 활발하고 영준하고 유능하여 결코 망국인같지 않았다고 하였다.

1922년 3월 탕지야오는 윈난독군 겸 윈난성장으로 복귀하였다. 그는 그 해 가을 윈난육군강무학교 기지基址 내에 윈난 항공처航空處를 설치하고 류페이첸[劉沛泉](1893~1940)을 항공처장으로 임명하였으며, 그 산하에 2개의 항공대航空隊를 두었다. 그리고 쿤밍 동남쪽 교외 4km 되는 무가구巫家埂에 윈난항공학교를 설립하고 류페이첸에게 교장을 겸직시켰다. 윈난항공처는 브레게Breguet식 고급연습기 6대와 코드롱 식 초급연습기 6대를 구입하고 중국과 프랑스의 기사技師를 비행교관 또는 고문으로 초빙하였다.

1922년 12월 25일 윈난항공학교는 윈난육군강무학교 내에서 개학식을 거행하였다. 윈난항공학교는 위안 스카이가 1913년 9월에 설립한 베이징 난유안항공학교에 이어 두 번째로 개교한 중국의 두 번째 정규 항공학교였다. 군사교련은 윈난육군강무학교 제17기의 각 교과 교관이 겸임하였고, 학생들은 비행과와 기계과로 나누어졌다.

기옥은 탕지야오 독군의 편지를 들고 곧장 윈난항공학교로 달려갔는데, 독군의 편지를 갖고 있었기에 교장과의 면담이 쉽게 이루어졌다. 마침 신·구 교장의 이·취임식이 거행되고 있었다. 독군의 편지를 읽은 신임 교장 유희권柳希權은 군대에 여자를 어떻게 받느냐며 불평하였다. 그러자 이임하는 교장 류페이첸이 "이것은 독군의 명령이므로 당신은 된다 안된다 할 권리가 없다. 특별히 받으라"며 기옥의 입학을 도왔다. 유희권 교장은 재울 데도 없다며 계속 기옥의 입학을 거절할 수 있는 구실을 찾았다. 류페이첸 전임 교장은 기숙사를 새로 지어주고 심부름할 여자 한 명을 붙여주고 그 비용을 독군에게 보고하면 될 것이라고 기옥의 입학을 거듭 권했다. 신임 교장과 전임 교장의 언쟁 끝에 기옥은 윈난항 공학교 입학을 허락받았다. 1923년 말이었다.

윈난항공학교 생활

윈난항공학교는 1922년 12월 25일 개학 날부터 1924년 상반기까지 총 39명의 남·녀 학생을 제1기생으로 모집하였다. 그 중 여학생은 후난성 이양[益陽] 출신의 중국인 하문화夏文華(薛如)와 윤월연尹月娟, 그리고 한국인 권기옥 등 3명이었다. 윈난항공학교 제1기생은 윈난강무학교 제17기생 에 해당하였다. 기옥 외에 윈난항공학교 제1기생에는 3명의 한국인 남 학생들이 있었는데, 이영무李英茂(1904~?)·이춘李春·장지일張志日(이명 張 志一)이었다. 이영무는 15살 때 대구에서 아트 스미스의 곡예비행을 보 고 비행사가 될 것을 꿈꾸어 독립운동가인 사촌형 이여성李如星(1901~?) 의 권유로 임시정부의 추천을 받고 윈난항공학교에 입학하였다. 이춘은 만주 류허현[柳河縣]의 대한독립단大韓獨立團 단원으로, 장지일은 만주 지린 [吉林]의 적색노동조합赤色農民組合 대표로 상하이의 국민대표회의에 참석 했다가 임시정부의 추천을 받아 윈난항공학교에 입학하였다.

　1923년 말 기옥이 윈난항공학교의 제1기 학생으로 입학하였을 때, 1922년 말부터 입학한 학생들은 조종과 정비 등에 관한 이론을 거의 배 운 상황이었다. 그녀는 가장 성적이 우수한 학생을 찾아가 개인교수를 받아 가며 이론 공부를 하였다. 그리고 그 학생이 연모의 정을 고백하였

대한독립을 위해 하늘을 날았던 한국 최초의 여류비행사 권기옥

지만, 기옥은 망국의 한을 품고 여자의 몸으로 변방까지 왔다며 그를 거절하였다. 오직 조국의 독립을 위해 비행사가 되겠다는 그녀의 굳은 의지였다.

실기 공부 중에서는 정비가 가장 어려웠다. 그러나 자신이 타는 비행기는 자신이 정비해야 하는 것이 윈난항공학교의 규칙이었다. 훈련 과정에 여자와 남자의 차별도 그렇다고 특혜도 없었다. 모든 것을 혼자서 해야 했다. 기옥이 입학한 약 두 달 후 중국인 여자로 윤월연과 하문화가 입학하였는데 그녀들은 비행기에 탑승도 하지 못한 채 학교를 떠났다. 학교당국에서는 유일한 여학생이었던 기옥을 위해 숙소를 별도로 마련하였고 여자보조원을 배속하였다.

기옥을 포함하여 윈난항공학교 제1기생들은 윈난육군강무학교 제17기·제18기와 함께 기초체력훈련을 받았다. 1924년 봄 프랑스 꼬드롱 비행기회사의 80마력馬力 쌍엽기 20여 대와 2명의 프랑스인 교관들(대위 1명, 중위 1명)이 윈난항공학교에 도착하였다.

지상실습이 끝날 즈음 비행적성검사가 실시되었다. 프랑스인 교관들은 비행적성검사를 위해 학생들을 한 명씩 비행기에 태웠다. 당시는 교관이 직접 태워본 후 비행 적격 여부를 판정했다. 기옥의 차례가 되었다. 1917년 평양에서 비행기를 구경한 지 6년만에 처음으로 직접 비행기를 타게 된 그녀는 무척 감격스러웠다. 그러나 한편으로는 적성검사에서 불합격될까 염려하며 교관의 눈치를 살피는 가운데 그녀는 비행을 마쳤다. 기옥을 포함하여 19명이 비행과(조종과)에 합격하였고, 불합격 학생들은 기계과로 편성되었다.

원난육군강무학교와 류페이첸 교장(권기옥 앨범)

19명의 비행과 학생들은 대위반과 중위반으로 나누어졌는데 기옥은 중위반으로 편성되었으며, 본격적인 훈련비행이 시작되었다. 대위교관은 신중에 신중을 기하며 모든 것을 원리원칙대로 가르쳤다. 반면 중위교관은 학생들을 거칠게 다루었는데, 공중에서건 지상에서건 말보다 주먹이 빨라 걸핏하면 학생을 구타하였다. 학생들은 며칠씩 몸을 잘 쓰지 못할 만큼 두들겨 맞는 경우도 있었다. 그러나 중위교관은 대단한 열성의 소유자였다. 매일 아침 일찍 출근하여 교육을 준비하였고, 학생들보다 더 열성적으로 교육에 임했다. 이러한 중위교관의 열성으로 대위교관 반보다 중위교관 반 학생들의 훈련비행 진도가 배나 빨랐다. 중위교관은 착륙着陸 훈련을 중점적으로 시켰는데, 초보자에게는 착륙 훈련이 가장 힘들고 중요하기 때문이었다. 구타를 당하면서도 학생들이 중위교관을 따랐던 것은 그의 열성과 교육방법이 학생들을 위한 것임을 충분히 알기 때문이었다.

방향타를 철사로 얽어맨 것이었지만 프랑스제 꼬드롱 쌍엽 훈련기는 당시에 상당히 사치스러운 비행기였다. 기옥이 앞자리에 앉고 중위교관 프랑시스가 뒷좌석에 앉아 훈련비행을 시작했다. 프랑시스는 처음부터 조종간操縱桿에서 손을 떼고 소리를 지르면서 방향을 지시했다. 기옥의 정신력도 대단했지만 프랑시스의 결단력 있고 뛰어난 지도 덕분에 그녀는 훈련비행 9시간만에 단독비행을 할 수 있었다. 1924년 7월 초순이었다. 학생들은 대부분 20시간의 훈련비행 후 단독비행을 허락받았었다.

엔진에 시동이 걸리고, 활주로를 굴러간 비행기가 한껏 양력揚力을 받았을 때 기옥은 서서히 조종간을 당겼다. 옆을 스치던 물체들이 점점 발 아래로 깔리며 경쾌하게 이륙한 비행기는 하늘로 높이 솟아올랐다. 어느 정도 고도를 취한 후 기체機體를 수평자세로 바로잡았다. 첫 단독비행이라 이륙할 때 가졌던 긴장감이 풀리고 마음에 약간의 여유까지 생겼다. 들리는 것은 엔진소리뿐이었고, 주변의 모든 것이 정지된 것 같았다.

왼쪽으로 선회하기 위해 그녀가 기체를 약간 왼쪽으로 뉘이자 문득 왼쪽 날개에 기체의 그림자가 어려 있었다. 순간 그녀는 묘한 고독감을 느꼈다고 한다. 사방이 고요한 한밤중에 혼자 깨어 있을 때 엄습하는 쓸쓸함, 향수와 같은 그런 감정이었다. 그녀는 잡념을 떨쳐버리기 위해 자세를 바로잡으며 기수機首를 비행장으로 돌려 고도를 낮추었다. 배운 대

1924년 7월 5일 윈난에서 권기옥이 안창호에게 보낸 사진(권기옥 앨범)

로 착륙 절차를 밟아 기체를 부드럽게 접지接地시켰다. 성공적인 단독비
행이었다. 활주로 끝에 비행기가 멎자 프랑시스 교관이 달려와 악수를
청했다. 너무나도 기뻐하는 모습이었다. 5분에 지나지 않는 비행이었지
만, 기옥은 이 때의 감격을 평생 잊지 못하였다. 기옥의 단독비행을 대
위교관 반 학생들이 특히 부러워했다.

기옥은 첫 단독비행 성공 후 안창호에게 편지와 사진을 보냈다.

도산 선생 앞에, 20여 년 구속拘束받던 아픈 마음과 쓰린 가슴 상제주上帝
主께 후소厚訴하고 공중여왕 면류관을 빼앗으러 가나이다. 길이 사랑하여
주심 바라 삼가 이 글을 눈 앞에 올리나이다. 사랑하시는 기옥 올림.

－4257년 7월 5일 운남에서

그녀는 임시정부에서 비행기에 가장 많은 관심을 갖고 비행기와 비행사 확보에 노력하였던 안창호에게 그녀의 단독비행 성공을 알렸다. 1920년 비행기와 비행사를 구하기 위해 심혈을 기울였지만 성공하지 못했던 안창호였기에 단독비행에 성공하였다는 기옥의 편지는 큰 기쁨이었을 것이다.

암살 위험

첫 단독비행 성공 이후 비행훈련에 몰두하고 있던 어느 날 탕지야오가 보낸 급사가 기옥을 찾아왔다. 1920년 일제경찰의 체포 위험을 피해 평양을 탈출한 기옥이 윈난항공학교에 있다는 정보를 입수한 일제가 윈난의 일본영사관을 통해 탕지야오에게 기옥의 체포를 요구했다. 탕지야오는 윈난항공학교에 기옥이 없다고 잡아뗐다. 일본영사관은 만일 거리에서 기옥을 발견하면 사살하겠다고 했고, 탕지야오는 만일 다른 사람을 기옥으로 오인하여 사살

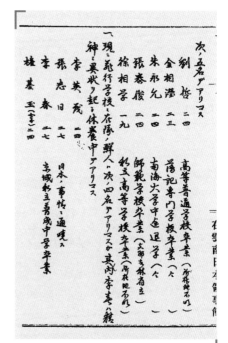

김군백이 일본영사관에 알린 윈난항공학교 재학 한국인 유학생들(「윈난정부에서의 불령선인 교육의 건 1」, 국사편찬위원회, 『국외항일운동자료』)

할 경우 각오하라고 위협했다. 탕지야오가 보낸 급사는 이러한 내용을 전하고, 기옥이 학교에서 한 발자국도 밖으로 나가서는 안된다고 탕지야오가 부탁했다는 말을 남기고 돌아갔다. 그 날부터 그녀는 학교 안에서 감옥 아닌 감옥 생활을 하였다. 학생들이 외출한 휴일에도 그녀는 학교 안에서 혼자 시간을 보냈는데, 누군가 숨어서 그녀를 노리고 있다는 생각이 들면 꺼림칙했다.

기옥을 포함하여 한국학생들이 윈난항공학교에서 공부 중이라는 사실을 일본영사관에서 알게 된 것은 1924년 7월 15일 쿤밍의 일본영사관을 찾아간 김군백金君白(일명 金子三郎·金德炯)의 자술에 의해서였다. 김군백은 상하이에서 윈난강무학교 및 윈난항공학교에 대한 소식을 듣고, 노병회老兵會에 가입한 후 임시정부 외교총장 조소앙趙素昻(이명 趙鏞殷, 1887~1958), 노병회 회장 김구와 만나 여행증명 및 윈난성장에게 보내는 소개장을 받아 1923년 3월 27일 윈난에서 온 학생 6명 중 3명과 함께 상하이를 출발하였다. 6명은 김군백과 김상형金相瀅(23세, 부기전문학교 졸업)·서상학徐相學(19세, 사립고등학교 졸업)·유철劉哲(24세, 고등보통학교 졸업)·장태준張泰俊(24세, 중국 지린[吉林]사범학교 졸업)·주영윤朱永允(24세, 南海대학 중퇴)이었다. 김군백 등 3명은 4월 3일 광동에 도착하였고, 다른 3명도 곧 도착하여 6명이 함께 4월 8일 광동을 출발하였다. 6명은 우저우[梧州], 텡현[藤縣], 난닝[南寧], 바이써[百色], 아미저우[阿迷州] 등을 거쳐 6월 13일 윈난에 도착하였고, 인삼 행상 김학해金學海의 안내로 윈난강무학교의 한국학생 기숙사에 가서 군사과장 유영조劉永祚와 면회하고 임시정부의 소개장을 보이며 찾아온 이유를 말했다. 6월 26일 중국인 학생들의 시험이 있었는데 6명의 한국청년들은 학과시험을 면제받고 체격시험에 응하여 김군백 외에는 모두가 합격하였다.

체격시험에 불합격한 김군백은 쿤밍의 일본영사관에 귀국길 보호를 요청하고 윈난강무학교 및 윈난항공학교에 재학 중인 한국학생들에 대해 다음과 같이 기술하였다.

> 윈난강무학교의 한국인 학생은 30명이고, 윈난항공학교에는 권기옥과 이영무·이춘·장지일이 재학 중이다. 권기옥은 24세로 평양 숭현여학교 졸업 후 중국 항저우중학교를 졸업하였으며 비행술을 연구하는 여걸로 임정에 상당히 유력하다. 일찍이 상하이의 인성소학교 교사였고, 한문·중국어·영어에 능통해 윈난정부와의 교섭은 항상 그녀가 맡는다. 유학생 중 최고이다. 이영무는 24세이고, 장지일은 27세로 일본정신에 통효通曉하며, 이춘은 27세로 경성사립보성普成중학을 졸업하였는데 정신 이상으로 휴양 중이다.

김군백은 일본영사관의 심문이 종결된 후 일본영사관으로부터 약간의 여비를 얻고 그 보호를 받으며 타이완[臺灣]을 거쳐 고향으로 돌아가기 위해 쿤밍을 출발하였다.

임시정부가 발송한 장덕진의 사망통지서도 기옥 등 한국학생들이 윈난항공학교에 재학 중임을 일제가 알게 된 근거가 되었다. 장덕진은 1924년 8월 18일 4명의 동지들과 함께 독립운동자금을 확보하려다 프랑스경찰과 중국탐정의 총에 맞아 8월 26일 사망하였다. 임시정부에서는 그동안 장덕진과 친교가 있었거나 연락을 하였던 사람들에게 사망통지서를 발송하였는데, 1924년 9월 20일자 조선총독부 경무국장의 보고서에 의하면 86명이었다. 기옥은 명단에 다섯 번째로 기록되었는데 그녀의 주소는 '윈난성雲南省 항공학교 내'였다. 장지일은 67번째로 기록되었고 주소는 기옥과 마찬가지로 "윈난성 항공학교"였다.

쿤밍의 일본영사관에 찾아온 김군백의 자술, 임시정부에서 작성한 장덕진 사망통지서 발신 명단 등에 의해 일제는 기옥 등 한국학생들의 윈난항공학교 재학 사실을 분명하게 파악하였다.

1924년 가을 어느 날, 단독비행 훈련에 열중하고 있던 기옥을 4명의 한국청년들이 찾아와 항공학교에 입학하고 싶다는 의사를 표명하였다. 그들은 상하이에서 세 달 동안 걸어왔다고 했으며, 이후 항공학교로 자주 면회를 왔고, 외출할 수 없었던 기옥을 제외하고는 여러 번 시내에서 한국학생들과 어울렸다. 어느 날 4명의 한국청년들 중에 한 명이 혼자서 기옥을 찾아왔다. 중요한 이야기를 할 것처럼 심각한 표정으로 주위를 살피던 그는 호신용으로 가져온 것이라며 권총 한 자루를 그녀에게 내놓으며 맡아달라고 하였다. 수상한 생각이 들었던 기옥은 이 일을 동기생들에게 말하였고, 이후 그 청년을 자세히 살펴보기로 하였다.

기옥과 동기생에게 며칠 동안 그 청년을 미행하였고, 그 청년이 일본영사관에 드나든다는 사실을 알아냈다. 일요일, 기옥과 한국인 동기생들은 그 청년에게 함께 놀러가자고 하여 공동묘지로 끌고 가 신문하였다. 그 청년은 기옥을 사살하라는 일본영사관의 지령을 받았다고 자백했다. 만약 그 청년을 그대로 풀어준다면 기옥과 한국학생들의 목숨이

위험했다. 기옥과 한국인 동기생들은 그 청년을 학교에서 떨어진 외딴 곳으로 끌고 가 사살하고 웅덩이에 묻었다.

학교로 돌아온 기옥과 동기생들은 윈난강무학교의 한국학생들에게 이 사실을 알렸고, 교장 유희권을 찾아가 사실을 보고하였다. 유희권 교장은 곧바로 탕지야오 윈난 독군 겸 성장에게 보고하였다. 며칠 후 일본 영사관으로부터 탕지야오 윈난성장에게 공문이 왔다. 기옥이 윈난항공학교 안에 있다는 것을 알고 있으니 일본영사관에 넘겨달라는 것이었다. 탕지야오는 윈난항공학교에는 한국인 여학생은 물론 한국인 남학생도 없다며 기옥의 재학 사실을 부인하였다. 윈난항공학교에서 한국학생 교육은 매우 비밀스럽게 취급되어 탕지야오 윈난성장, 유희권 교장, 유군劉軍 학과장, 그리고 한두 명의 중국인 관헌이 알고 있을 정도였다. 일본영사관은 길에서 기옥을 만나면 사살하겠다며 협박하였고, 탕지야오 독군은 학교 밖으로 나가면 책임질 수 없다며 기옥에게 금족령을 내렸다. 그녀는 학교 안에서만 생활하였고, 비행기 이·착륙 실습도 새벽에만 했다.

갓 비껴난 죽음

단독비행훈련 이후에는 편대編隊비행훈련을 받아야 했다. 기옥을 포함하여 학생들은 편대비행에 대한 이론을 교육받고 이어 편대비행훈련으로 들어갔다. 그런데 편대비행훈련이 시작된 첫 날 기옥은 알 수 없는 고열 때문에 편대비행훈련을 포기하고 침대에 누웠다. 기옥 대신 다른 학생이 기옥이 타기로 예정되어 있던 비행기에 탑승하였다. 갑자기 요란한

폭음이 방을 뒤흔들었다. 기옥이 놀라서 밖으로 뛰쳐나가니 잠시 후 비행장 상공에 세 대의 비행기가 나타났고 황급히 착륙했다. 다섯 대의 비행기가 이륙했을 것인데 두 대가 보이지 않았다.

교관이 탄 1번 비행기를 필두로 정오각형의 대형隊形을 만들어 비행하던 편대가 왼쪽으로 돌 때 오른쪽의 3번 비행기가 부주의하여 옆에 가던 2번 비행기를 들이받았다고 했다. 편대 대형 그대로 돌지 않고 급격한 선회를 시도한 3번 비행기가 순식간에 2번 비행기와 충돌했고, 동시에 두 대가 공중 폭발한 것이었다. 이 사고로 두 명의 학생들과 뒤에 탔던 두 명의 정비사들이 사망했다. 학생들은 큰 충격을 받았는데, 기옥의 충격은 누구보다도 컸다. 2번 비행기는 기옥이 탈 차례였는데 동기생 양군楊君이 대신 탔다가 사망한 때문이었다. 그녀는 사흘을 앓아누웠다.

약 1천미터 상공에서 비행기의 엔진을 끈 채 활공滑空으로 착륙하는 글라이딩 훈련이 시작되었다. 비행기의 자체 시동이 불가능하기 때문에 만일의 경우에도 엔진을 다시 걸 수 없었다. 기체가 가벼워 어느 정도 활공이 가능했지만 다른 과목에 비해 훨씬 위험한 훈련이었다. 그런데 기옥은 처음부터 낙하산 착구著具를 거부했다. 나라의 독립을 되찾기 위한 목적으로 비행술을 배우는데 비겁하게 낙하산을 메고 탈 수 있겠느냐는 뱃심이었다. 원칙에 어긋난 행동이라는 것을 알았지만 그녀는 끝까지 고집을 부렸다. 그러자 남학생들도 그녀와 같이 행동하였다. 여자가 낙하산을 메지 않고 타는데 사내대장부가 낙하산을 메고 타겠느냐며 낙하산 없이 활공 훈련을 하였다. 사고는 없었지만 그 날 그녀와 동료들의 행동은 어리석은 만용이었다고 훗날 그녀는 회고하였다.

1925년 2월 28일 윈난항공학교 졸업장(숭의여자고등학교 소장)

윈난항공학교 졸업, 첫 한국인 여류비행사

1925년 2월 28일 기옥은 윈난항공학교를 졸업하였다. 39명이 입학하였지만 윈난항공학교 제1기생으로 졸업한 학생은 비행과(조종과) 12명과 기계과(정비과) 14명 등 26명이었다. 비행과는 기옥과 이영무 등 2명의 한국인과 안옥주晏玉珠·유요劉堯·이가명李嘉明·이법융李法融·장여한張汝漢·장유곡張有谷·조제천趙濟川·진서하陳棲霞·진광복陳廣福 등의 중국인들이었다. 기옥은 졸업생 중 유일한 여성이었고, 첫 한국인 여류비행사가 되었다. 기름때가 묻은 헌 조종복 대신 차려입은 기옥의 정복 가슴에 조종사의 휘장徽章인 윙wing이 달렸다.

윈난항공학교 제1기 동창회 명부에 의하면, 권기옥은 별호別號가 환산桓山, 통신처는 상하이 법계 맥새아체라로麥賽兒蒂羅路 24호였고, 이영무는 별호가 청구靑邱, 26세, 통신처는 상하이 법계 숭산로崇山路 22호, 장지일은 별호가 태공太空, 25세, 통신처는 상하이 법계 망지로望志路 영길리永吉里 77호였다. 이춘은 지병 때문에 중퇴하였다. 한편 기옥은 윈난항공학교 재학 중 학교 안에서 "전거의錢居義, 저장[浙江] 원저우인[溫州人], 21세"로 행세했는데 전거의는 '권기옥'의 중국식 발음과 비슷한 한자이다.

중국군에서 비행사로 활동

상하이로, 베이징으로

윈난항공학교 졸업 후 기옥과 이영무, 장지일은 학교에 더 머무르며 견습비행사로 비행훈련을 하였다. 몇 달 후 이들은 상하이로 돌아가기 위해 탕지야오 독군에게 인사를 하러 갔다. 탕지야오는 기옥 등 한국학생들을 칭찬한 후 훈시 겸 당부를 하였다. 그가 한국학생들을 훈련시킨 이유는 한국사람들의 독립운동을 지원하기 위해서였음을 명심하라는 것이었다. 또한 쑨원이 지휘하는 공산군에는 결코 가담하지 않아야 한다고 강조하였다. 쑨원이 1924년 제1차 국공합작에 성공하였기에 탕지야오는 쑨원을 공산주의자라고 생각하였던 때문이다.

1925년 11월 장지일이 상하이로 갔고, 임시정부의 형편이 어렵다는 편지를 보내왔다. 비행기 구입은 커녕 임시정부 청사도 유지하기 어려

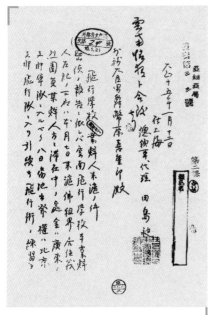

권기옥이 북경으로 갔다는 일제의 정보보고서
(「비행학교 졸업 선인 래호의 건」, 국사편찬위원회,
『국외항일운동자료』)

울 만큼 임시정부의 상황이 열악하다는 것이었다. 그러던 중 비행기 구입자금을 구할 수 있을 것 같다는 이영무의 고향선배 이상일의 편지가 도착했다. 이미 졸업하였으므로 윈난항공학교에 더 머물러 있을 수 없었던 기옥은 이영무와 함께 1926년 1월 7일 상하이로 돌아왔다. 상하이의 한국 사람들은 기옥과 이영무를 크게 환영했고, 경이로운 시선으로 그들을 바라보았다.

이상일을 찾아가니 의열단원 이기연과 무정부주의자 백정기白貞基(1896~1934)·이정규李丁奎·정화암鄭華岩(이명 鄭賢燮·鄭允玉, 1896~1981) 등이 모여 있었다. 그들은 중국 군벌의 무기를 빼돌려서 몰래 파는 이들로부터 성능 좋은 무기를 구했는데, 그것들을 톈진까지 운반하는 문제를 논의 중이었다. 기옥과 이영무도 운반 책임을 맡아, 1월 11일 베이징을 향해 상하이를 출발하였다. 이어 베이징에서 톈진으로 가서 프랑스조계의 한 여관에 무기를 숨겨두고 당시 베이징에 있던 이회영李會榮(1867~1932)의 집으로 갔다. 그리고 허난성 독판 후징이[胡景翼]의 행정고문 이광李光(1879~1966)이 정적을 제거해 달라는 후징이로부터

3,000원을 받았다는 소식을 들었다. 그러나 후징이의 요구가 자칫하면 중국 거주 한국독립운동가들의 상황을 어렵게 만들 수도 있다고 생각한 기옥은 더 이상 그들과 함께 행동하는 것을 거절하였다.

의열단원 이기연과 이상일은 광둥으로 가겠다고 하였다. 의열단은 "조선민족의 생존의 적敵인 일본제국주의의 통치를 근본적으로 타도하여 조선민족의 자유독립을 완성할 것"을 목표로 1919년에 비밀결사로 창립된 이후 치열한 의열투쟁을 전개하였다.

1926년 2월 초 기옥과 이영무도 의열단원들과 함께 베이징을 출발하여 광저우에 도착, 의열단원 김원봉金元鳳(이명 雲峯·陳國斌, 1898~1958)을 찾아갔다. 그 곳에서 손두환孫斗煥(이명 孫建, 1895~?)이 중국국민당육군군관학교, 즉 황푸군관학교[黃埔軍官學校] 교장 장제스[蔣介石](1877~1975)의 부관으로 있고, 김철남이 황푸군관학교 본부 부관으로 있다는 소식을 들었다. 다음날 기옥은 이영무와 함께 김철남을 만나기 위해 광저우 장주도長洲島 황푸에 있는 황푸군관학교를 찾아갔다.

김철남은 1923년에 윈난성장에게 보내는 방성도의 추천장을 받아내 기옥의 윈난항공학교 입학에 도움을 주었었다. 손두환은 일본 메이지[明治]대학 법과에서 공부하였고, 1919년 4월 임시의정원 회의에서 황해도 의원으로 선임된 이후 임시정부의 군사·선전 활동 기반 마련에 진력하였고, 1925년 황푸군관학교에 입교하였다. 또한 광둥 지역의 유력한 독립운동단체인 '유월한국혁명동지회留粤奧韓國革命同志會'의 중심 인물이기도 하였다.

기옥은 이영무와 함께 대사두에 있는 광둥항공학교도 찾아갔다. 그리고 그 곳에서 김지일金志一(이명 車廷信·車志一, 1898~?), 김진일金震一, 유철선劉鐵仙(1895~?), 이용직(이명 李秉雲)·장성철張聖哲(1900~1963) 등을 만났다. 김지일·유철선·장성철은 황푸군관학교 제3기, 김진일은 대사두의 군사비기학교 제1기, 이용직은 광둥 제2군관학교를 각각 졸업하고 광둥항공학교에 입학하였다.

중국 항공처 부비행사

1926년 2월 초순 기옥은 이영무와 함께 광저우에 머물고 있던 여운형을 찾아갔다. 여운형은 서왈보徐日甫(이명 徐國一, 1887~1926)가 펑위샹[馮玉祥](1882~1948) 군에 있다며 베이징으로 갈 것을 권했다. 1925년 6월 일제와 미쓰야[三矢]협정을 체결하여 한국독립군에게 막대한 피해를 입힌 장쭤린을 펑위샹이 몰아내도록 도와야 한다는 것이었다. 1920년 8월 13일 안창호는 난징에서 텐진으로 가는 차 안에서 펑위샹의 부하 장쯔지앙[張之江]을 만나 보호를 받았고, 1921년 2월 5일 전보균錢寶鈞·요등구廖登衢가 상하이로 와서 임시정부의 요인들에게 한국독립운동 후원과 한국청년들의 펑위샹 군 편입 등을 언급하는 등 임시정부는 펑위샹 군과 우호적인 관계를 맺고 있었다.

온갖 어려움을 극복하고 배운 비행기 조종술을 그대로 묵힐 수는 없었다. 비행술을 연마하고 새 기술을 습득하려면 중국군 외에는 갈 곳이 없었다. 기옥과 이영무는 허베이성의 펑위샹의 서북군西北軍=西北陸軍(국민군 제1군)에 가기로 결심하고 서왈보 앞으로 써준 여운형의 편지를 가지고 광저우를 출발하여 2월 중순 베이징에 도착하였다.

　서왈보는 서국일이라는 이름으로 1920년 3월 난유안항공학교에 제 3기생으로 입학하여 1923년 4월 졸업하였고, 펑위샹 군 휘하의 항공대에 들어갔다. 기옥과 이영무가 도착한 날 오후, 베이징에는 유명한 먼지바람이 불었고 인적이 끊겼다. 그들은 안 가겠다는 인력거꾼에게 값을 두 배 주기로 하고 인부 한 명을 더 사서 베이징 시내에서 서북쪽으로 100여 킬로미터 떨어진 난유안으로 갔다. 그런데 그들이 도착하였을 때 난유안항공학교에는 국민군 항공대가 자리잡고 있었다. 봉계군벌 장쭤린이 제2차 직봉전쟁直奉戰爭에서 승리하여 베이징을 차지하자, 난유안항공학교도 1925년 11월 제4기 졸업생을 배출하고 문을 닫은 때문이었다. 기옥과 이영무는 국민군 항공대 비행소좌 서왈보를 찾아갔고, 그로부터 장쭤린에게 밀린 펑위샹이 1926년 1월에 물러나고 장쯔지앙과 루종린[鹿鍾麟] 등이 서북군을 지휘하고 있다는 말을 들었다. 기옥과 이영무는 국민군 제1항공대의 비행사로 초빙되었고, 난유안비행장에 있던 이탈리아제 비행기 '언살도'를 타고 베이징과 장자커우[张家口] 사이를 정찰 비행하였다. 언살도는 조금만 조종간을 당겨도 급히 올라가고 뚝 떨어지는 예민한 비행기였다.

　그런데 장쭤린이 남방군벌 우페이푸[吳佩孚]와 회맹을 맺고 베이징을 공격하자 펑위샹은 장자커우로의 퇴각을 명령하였다. 장자커우는 베이징에서 서북쪽으로 200킬로미터 떨어진 도시로 만리장성의 관문이자 몽골蒙古로 가는 요충이었고 유명한 교역도시였다. 기옥은 이영무에게 장자커우로 가겠다고 하였다.

이즈음 『동아일보』·『매일신보』·『시대일보』 등 국내신문들에 기옥에 대한 기사가 실렸고, 미주에서 발행된 『신한민보』에도 『동아일보』의 기사가 전재轉載되었다.

한참 동안 중국 천지에 풍운이 소란할 때에 북경을 중심으로 맹렬히 활약하던 조선사람 비행가 안창남 씨 등 삼사명과 그 중에는 꽃같은 여류비행가까지 국민군에 참가하여 그동안 놀라운 재능을 발휘하던 바 최근 어느 방면으로부터 전하는 그들의 소식을 들건데 …… 오직 한 사람뿐이던 조선여자비행가로 한 번 진중에 나타날 때에는 군인의 정신을 빼리 만큼 미인의 용모를 가진 권기옥 양도 그의 연인 이영무 비행사와 함께 금년 2월에 상해로부터 광동을 거쳐 북경으로 들어가 국민군 제1비행대에 나서서 남다른 천재를 발휘하여 많은 공로를 나타냈었는데 그들도 또한 요다음의 기회를 얻으려고 지난 4월 15일에는 어디로인지 갔다 하며 ……

- 「중국 蒼空에 조선의 鵬翼, 중국하늘을 정복하는 조선용사 그 중에서 꽃같은 여류용사도 있어」, 『동아일보』 1926. 5. 21

청운에 뜻을 두고 지나동란에 참가하여 북경을 중심으로 활동하는 중에는 조선인 비행가로 안창남 군을 시작하여 여러 사람이 있었는바 그 중에는 꽃같은 조선인의 여류비행가도 참가하였었다. 그런데 그들의 대부분은 국민군에 참가하였는바 불행히도 국민군의 참패로 인하여 혹은 고국으로 혹은 행방까지 불명하게 되었는데 …… 오직 한 사람의 여류비행가이며 겸하여 미인으로 유명하여 지나군인의 간담을 울렁거리게 하던 전기 권기옥 양은 그의 애인으로 같은 비행가인 이영무 군과 같이 금년 2월에 상해로부터 광동을 경유하여 북경에 들어와서 국민군 제일비행대에 참가하였더니 4월 15일부터 그의 부부의 형용은 북경에서 다시 볼 수 없이 되었으며 ……

－「支那動亂에 활약하는 조선인 飛行家의 소식, 동부인 비행을 하는 이영무군, 안창남군은
아직도 잘 있다고, 垂涎의 的! 權基玉孃」, 『매일신보』 1926. 5. 21

풍운의 뜻을 가슴에 품고 중국동란에 몸을 던져 북경을 중심으로 활약하는 조선비행가는 안창남安昌男 외 수명인 바 그 중에는 피어오르는 꽃과 같은 여류비행가로 있는데 그들의 근황을 들으면 대부분은 국민군에 참가하였던 관계상 국민군의 패전과 함께 실세되고 심지어 거처불명된 사람까지 있는 모양인 바 그 중 …… 또 유명한 여류비행가 권기옥은 이영무 비행사와 함께 금년 2월에 상해로부터 광동을 경유하여 북경에 들어가 국민군 제일비행대에 참가하였는데 이도 역시 4월 15일에 그 자취를 감추었으며 ……

－「중국 動亂을 중심으로 출몰 自任의 조선비행가, 대부분이 국민군에서 활약하다가 잠시
실세, 꽃같은 여류비행가도 전선에 참가하여 분투」, 『시대일보』 1926. 5. 21

신문기사들은 "군인의 정신을 빼리 만큼 미인", "미인으로 유명하여지나 군인의 간담을 울렁이게 하던"이라며 권기옥의 여성성을 부각시켰고, 더불어 '연인' 혹은 '애인'과 함께 하는 여자임을 강조하였다. 즉 기옥에 대한 국내 신문들의 첫 기사는 그녀를 비행사로 평가한 것이 아니

라 여성이라는 측면에서 관심을 기울였다. 여성은 미인이 최고인 양, 그리고 애인(연인) 남성과 함께 행동하는 것인 양 굴곡진 시각을 보였다. 지극히 남성적인, 여성에 대한 차별적 시각의 표출이었다. 게다가 이영무는 애인이나 연인이 아니라 윈난항공학교에서 같이 공부한 동창생이었다. 일제의 언론규제 때문이었겠지만 왜 그녀가 비행사가 되었는지, 중국 국민군 비행대에는 왜 들어갔는지, 중국 국민군에서 그녀가 무엇을 하는지에 대해서는 관심을 보이지 않았다.

베이징을 출발하여 장자커우에 도착한 기옥은 항공사령부로 가서 서왈보 소좌를 찾았다. 서왈보는 기옥을 장쯔지앙 항공사령관에게 데려갔다. 장쯔지앙은 기옥을 1926년 4월 20일자로 항공처 부비항원副飛航員(부조종사)으로 임명한다는 위임장을 주었다. 직급은 소령이었다.

장자커우의 쿵자좡[孔家莊]비행장에는 10여 대의 비행기가 있었다. 서왈보가 베이징의 난유안에서 옮겨온 비행기들이었다. 퇴각하는데 비행기가 필요하냐는 빈축을 받으면서도 서왈보는 난유안에서 비행기를 몰아 쿵자좡으로 옮겼다. 그리고 쿵자좡에서 자동차를 타고 난유안으로 돌아가 다시 비행기를 몰아 쿵자좡으로 옮기기를 10여 차례 반복하였다. 그 비행기로 기옥은 서왈보의 지도 아래 쿵자좡에서 비행연습을 하였다.

기옥은 장자커우에서 민가에 셋방 한 칸을 얻어 생활하면서 유동열柳東說(이명 柳東烈·柳東悅·柳青松, 1879~1950)의 집을 자주 찾았다. 유동열은 1903년 일본육사를 졸업하고, 대한제국 육군기병참위에 임관되었으며, 105인 사건으로 1년 6개월 동안 수감되었다가 무죄 방면된 후 중국으로 망명하여 만주 지역에서 독립운동을 전개하다 장자커우로 이동

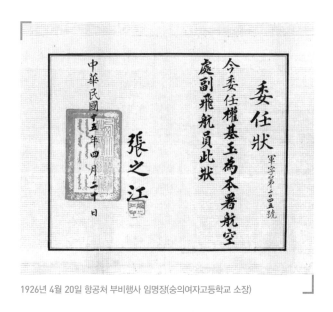

1926년 4월 20일 항공처 부비행사 임명장(숭의여자고등학교 소장)

해왔다. 그는 1918년에 경성의전京城醫專을 졸업한 신영삼申榮三(이명 申用才·申肅, 1896~1946)을 고용하여 병원을 열고 있었다. 유동열과 의형제를 맺은 이상정李相定(이명 李然皓, 1896~1947)도 함께 머물고 있었다.

서왈보 비행사의 사망

기옥이 장자커우에서 연습비행을 시작한 지 얼마 지나지 않아 이탈리아로 주문한 비행기들이 도착했다. 이탈리아 비행기 '언살도'는 다른 비행기보다 성능이 뛰어난 최신형이었다. 비행기는 분해되어 배를 이용하여 보내졌고, 그것들을 조립한 비행기의 시험비행 겸 시범비행을 서왈보가

하기로 결정되었다. 장쭤린 군에게 계속 쫓기던 펑위샹 군은 이 몇 대의 비행기에 큰 희망과 기대를 걸고 있었다.

1926년 5월 6일 시험비행 겸 시범비행이 있던 날, 비행장에는 많은 사람들이 모였다. 기옥도 다른 비행사들과 함께 시범비행을 보러 갔다. 비행장 상공을 몇 바퀴 선회한 비행기가 시범을 시작했다. 급상승, 급하강, 급선회 등 비행기는 성난 독수리처럼 날쌔게 움직였다. 그런데 언살도 비행기는 굉장히 민감했고, 서왈보는 아직 그 비행

서왈보의 사망 소식을 알린 신문기사
(「적진 정찰 중 서왈보씨 참사」, 『동아일보』 1926. 5. 30)

기가 손에 익지 않았는데 무리한 조작을 하였다. 비행기가 급격한 동작을 하면 사람들은 환호성을 질렀다. 그러나 서왈보의 무리한 조작이 반복될 때마다 그녀는 가슴을 쓸어내렸다. 갑자기 급강하하던 비행기가 스핀spin, 失速 자세로 들어가더니 기수機首를 땅으로 향한 채 치켜들지 못하고 그대로 땅에 내리박혔다. 곧 천지를 뒤흔드는 굉음과 함께 불길이 솟아오르고 화염에 싸인 기체는 산산조각이 났다. 서왈보의 무리한 조작이 비행기 사고의 원인이었다. 급강하할 때 기수를 지나치게 숙여 비

행기가 스핀으로 들어갔고 기체의 자세를 회복할 시간과 고도가 없었던 것이다. 그녀는 물론 중국인 비행사들도 큰 충격을 받았다.

기옥과 서왈보의 아내, 펑위샹의 아내 리더취안[李德全], 유동열 부부, 이상정 등이 서왈보의 시신을 수습하여 간이비행장 뒤편 산중턱에 매장하였다. 장례식이 끝난 후 기옥은 유동열에게 부탁하여 "朝鮮 最初 軍士飛行士 徐日甫公之墓(조선 최초 군사비행사 서왈보공지묘)"라고 쓴 나무판을 무덤 앞에 비석 대신 세웠다. 소중한 한국인 비행사 한 명이 그렇게 생을 마감했다.

펑위샹 군의 항공대 해산

1926년 7월 펑위샹 군대는 장쭤린 군대의 계속적인 공격을 받아 내몽골 쪽으로 밀려났다. 장쯔지앙 장군이 기차로 장자커우를 떠나던 날 기옥도 같은 기차에 탑승하였다. 기옥은 장쭤린 군대가 장자커우에 들어오면 위험할 뿐만 아니라 갈 곳도 없었던 유동열 일행도 장쯔지앙에게 부탁하여 같은 기차에 탑승할 수 있도록 하였다. 유동열 부부와 딸, 신영삼, 이상정, 그리고 중국인 장자재[張子才]가 유동열 일행이었다.

열차는 달리는 시간보다 멈추어 있는 시간이 더 많았다. 기차가 역에 설 때마다 기옥은 고급장교들을 찾아다니며 음식과 담배를 얻었고 때로는 근처 민가에 가서 먹을 것을 구했다. 주민들은 모두 도망가고 거의 빈 집들이었다. 장사꾼들을 만나 감자 삶은 것, 밀가루 부친 것 등을 구해오기도 하였는데 추위와 굶주림에 지친 일행에게는 항상 부족했다.

기차는 장자커우를 출발한 지 일주일만에 내몽골 쑤이위안성[綏遠省]
의 바오터우[包頭]에 도착하였다. 기옥과 유동열 일행은 기차역에서 마차
를 불러 시내로 들어갔고, 셋방을 하나 구했다. 돈도 먹을 것도 없어 힘
든 생활이었는데 신영삼이 군의관으로 취직하여 그의 봉급으로 기옥 등
7명이 곤궁한 생활을 하였다.

한편 장쯔지앙 등에게 서북군 지휘를 위임한 펑위샹은 모스크바
에 도착한 이틀 후인 1926년 5월 10일 국민당 가입을 선언하고, 그 후
3개월 동안 소련에 머물면서 소련의 지원을 얻어냈다. 그리고 그 해
9월 17일 국민연군총사령관[国民聯軍総司令]으로 취임하고 전군[全軍]의 국민
당 가입을 선언하였다. 항공대는 해산하였다. 기옥은 여비로 20원을 받
았고, 항공대가 해산되던 날 이상정과 함께 군대 창고로 가서 밀가루
한 포대를 얻어왔다. 하룻밤에 집채만한 모랫더미가 생겼다가 없어지
는 쑤이위안에서 기옥 등 7명은 그 날 가져온 밀가루로 세 달 가량을 연
명하였다.

이상정과 결혼

기옥은 쑤이위안에서의 힘든 생활 속에서 그녀 인생의 큰 동지를 얻었
다. 그녀 자신도 느끼지 못하는 사이에 장자커우에서부터 가까이 지냈
던 이상정과 깊은 정이 들었다. 기옥은 그 정을 사람들이 흔히 생각하
는 연애감정이었다기보다는 순수한 동지애였던 것 같다고 회고하였다.
코 밑에 수염을 기르고 중늙은이 행세를 했던 이상정은 기옥보다 9살 연

상이라고 하였는데 사실은 4살 연상이었다. 또한 당시 기옥은 알지 못하였지만 1913년경에 결혼한 한문이韓文伊와의 사이에 1914년에 첫째 딸 숙희淑熙(1914년 12월 사망), 1916년에 둘째 딸 선희善熙, 1918년 12월에 아들 중희重熙을 낳은 유부남이었다.

두 사람 사이가 가까워지자 이상정이 청혼하였고, 기옥이 그 청혼에 동의하였다. 1926년 10월 6일, 기옥은 내몽골 오지奧地에서 이상정과 결혼하였다. 유

권기옥이 결혼 후 찍은 사진(권기옥 앨범)

동열이 주례를 보았고, 하객은 같은 집에 살던 4식구가 전부였다. 군 해산 때 받았던 20원 중에 사용하고 남아 있던 돈으로 금반지 1개씩을 예물로 마련하였고, 청포도와 중국술 고량주 1병을 사서 자축연을 베풀었다. 해산된 군대의 군복이었지만 그녀는 공군 정복 차림이었고, 이상정은 중국옷을 입었다. 유동열이 붉은색 헝겊에 결혼증서를 써주었다.

이상정은 결혼식 날의 감상을 그의 지인에게 보낸 편지에서 다음과 같이 썼다.

…… 이 곳에서 우연히 이성을 만나 철늦은 연애생활을 하오니 뉘가 사랑을 예찬하였는지? 지금은 번민을 더할 뿐이오. 전일 저의 일신은 굴레 벗은 말처럼 대공大空에 나는 새처럼 자유롭게 다니다가 지금 다시 인간에 얽매이게 되니 사랑이 생기기 전이 꿈이었는지, 사랑이 생긴 뒤의 금일이 꿈이온지 알지 못할 것은 인간이며 해석 못할 것은 세상이오이다. 그러나 애련哀憐이 들리던 풀피리 소리도 한스러이 보이든 달도 요사이는 유취유정有趣有情으로 변하오니 이것이 이즈음의 위안이며 소위 사랑의 결정結晶인가 하나이다. 그는 P지방의 태생으로 K라는 이름을 가졌으며 5, 6년 동안 남북 지나支那에 방황하든 26세의 저물어가는 청춘이외다. 지소枝消를 떠나 지동지서之東之西로 날리는 꽃이 너무나 넓은 몽골 벌에서 늙은 나비의 나래 밑에 휩싸이게 되오니 과거와 미래를 다 잊어버리고 휩싸인 그 찰나만으로도 신명께 감사를 드리오며 제가 공동생활의 개시식開始式을 좌기左記하와 일소一笑에 공供하나이다.

이상정은 직문直文과 연호然晧라는 이름을 쓰기도 하였는데 대구에서 상당한 재력을 갖춘 경주이씨 가문에서 1897년에 출생하였다. 1912년부터 1917년 전후까지 일본에 유학하여 역사학·상업·군사학 등을 공부하였고, 1917년부터 대구의 계성啓聖학교, 정주定州의 오산五山학교, 평양의 광성고보光成高普, 서울의 경신儆新학교 등에서 역사·지리·수학·한문·습자·도화 등을 담당하였다. 그리고 1925년 1월 대구에서 조직된 용진단勇進團의 위원장으로 활동하였는데 용진단의 사업부장인 후배가 적기赤旗사건으로 체포되자 중국으로 망명하였다. 퉁화현에서 잠시

동안 한인학교 교사로 활동하였는데 그 곳에서 유동열을 만나 의형제를 맺었다.

1925년 5월경 이상정은 중국으로 망명하였는데, 일제 정보 보고는 이상정이 중국으로 망명한 이유를 쑨원의 삼민주의三民主義에 공명하여라고 하였다. 기옥의 회고에 의하면, 이상정은 망명에 앞서 대구 집에 연락하여 그가 일본에서 가져온 책 일부를 부치도록 하였다. 그리고 그 책들을 팔아 만주 행 여비를 마련했다. 망명 직후 중국 동북지방에서 민족교육에 참여하였는데 이 때 중국어도 공부하고 중국에서 활동하던 독립운동세력과도 연계되었을 것이다.

결혼 후 기옥은 내몽골에서의 생활이 막막하여 베이징으로 갈 것을 이상정에게 제안하였고, 이상정이 가지 않겠다고 하면 그녀 혼자라도 가겠다고 하였다. 결혼 한 달만이 1926년 11월 기옥은 이상정과 함께 내몽골의 쑤이위안 바오터우를 떠나 베이징으로 거처를 옮겼다. 그러나 베이징에 그들이 살 집이 있는 것도 아니었기에 여인숙 같은 곳에 머무르며 각자의 집에 도움을 요청하였다. 그녀는 평양의 가족들에게 편지를 보내 그녀의 어려운 상황을 알렸고, 한 달 후 집에서 보내 준 300원을 받았다. 이상정도 대구에 편지를 보냈고, 그의 집에서도 돈을 부쳐주었다. 그래서 생활에 어느 정도 여유가 생겼지만 기옥은 지극히 검소하게 생활하였다. 이상정이 기생집에 출입하면서 술을 마셨지만, 이상정이 조밥을 먹지 않아 쌀밥을 해 주었지만, 자신은 조밥을 먹으면서 생활하였다.

국민정부 동로항공사령부 비행사

1926년 6월 5일 장제스가 국민혁명군 총사령관으로 임명되었다. 당시 국민혁명군은 광둥성·광시성의 7개 군, 후난성의 1개 군 등 8개 군에 있었으며 병력은 20만 명 정도였다. 이에 대항하는 반혁명 군벌은 후난성·후베이성·허난성을 지배하는 우페이푸 군벌, 푸젠성·안후이[安徽]성·저장성·장쑤성을 지배하는 쑨촨팡[孫傳芳] 군벌, 동삼성의 장쭤린 군벌 등이 있었다.

1926년 7월 초순 국민혁명군은 북벌北伐전쟁을 시작하여 창사[長沙]를 점령하였고, 가을에는 한커우[漢口]와 우창[武昌]을 점령하면서 북상하였다. 11월 8일 난창[南昌]을 점령하여 장시성을 장악하였고, 12월 9일 푸젠성의 푸저우를 점령했으며, 12월 13일 국민정부의 수도를 광저우에서 우한[武漢]으로 이동하였다.

기옥은 국민혁명군이 항저우와 상하이를 점령한다면 항공대를 만들 것이라 생각하였고, 그래서 상하이로 갈 것을 이상정에게 제안하였다. 이상정은 독립운동을 하기 위해 만주로 가자고 하였으나 기옥의 의견에 따라 상하이 행을 결정하였다. 베이징에서 생활한지 약 두 달 후인 1927년 1월 초순, 기옥은 이상정과 함께 베이징을 출발하여 텐진에서 상하이 행 기선을 탔다.

상하이에 도착한 기옥과 이상정은 프랑스조계의 하비로霞飛路 213호 (현재의 339호)에 위치한 김문공사金文公司(현 淮海中路, 1922년 설립)를 찾아갔다. 그 곳은 김시문金時文(1892~1978)이 경영하는 잡화상으로 찻집도

대한독립을 위해 하늘을 날았던 한국 최초의 여류비행사 권기옥

겸하고 있었는데 한국인들의 연락장소나 독립운동을 위한 회합장소로 사용되고 있었다. 기옥은 그 곳에서 임득산을 만났고, 며칠 후 여관방을 나와 임득산이 세든 집의 2층을 얻어 이사하였다.

이상정은 임득산이 계획 중이던 상점에 자본금을 대고 동업자가 되어 도이배사로陶爾裵司路 금귀방錦歸坊 4호에 상점을 열었다. 기옥의 항저우 시절 친구인 염온동廉溫東(1898~1946)이 점원으로 일하기로 했다. 염온동은 1921년 상하이로 건너와 독립운동을 지원하였고 1923년 4월 임시의정원 강원도의원으로 선출되어 1927년 1월까지 활동하였다. 또한 1926년 7월 19일 상하이 거주한인 208명이 삼일당에 모여 창립한 임시정부경제후원회 회계검사위원으로 선출되었다.

장제스의 국민혁명군에 공군이 창설되었다는 소식이 들렸다. 3로군路軍으로 편성된 국민혁명군은 장제스가 중앙군, 허잉친[何應欽](1889~1987)이 서로군西路軍, 바이충시[白崇禧]가 동로군東路軍을 각각 지휘했는데 바이충시의 동로군에서 공군을 창설하였다. 국민혁명군은 항공처 항공총대航空總隊를 편성하는 한편 동로군 항공사령부를 설립하였다. 항공사령관은 기옥의 윈난항공학교 입학 때 도움을 주었던 류페이첸 장군이었다.

1927년 3월 22일 국민혁명군 동로군이 상하이를 점령하였고, 3월 25일 허잉친의 서로군이 난징을 공격하여 점령하였다. 기옥은 동로군 항공사령부의 항공사령관 류페이첸 장군에게 입대하고 싶다는 편지를 보냈다. 류페이첸 장군은 기옥에게 당장 오라는 답장을 보냈고, 곧이어 사람까지 보냈다.

기옥은 동로군이 임시사령부로 사용하고 있던 상하이의 한 호텔로 류

1927년 3월 동로항공사령부 비행사 위임장(숭의여자고등학교 소장)

페이첸 장군을 찾아갔다. 류페이첸 장군은 기옥에게 왕웅王雄(한국명 김홍일金弘壹, 이명 金弘日, 1898~1980)과 최용덕崔容德(1898~1969)을 아느냐고 물었다. 그녀는 두 사람을 직접 만나지는 못했지만 편지 왕래는 있었다고 대답하였다. 류페이첸 장군은 기옥을 '국민정부 동로항공사령부 비항원', 즉 국민정부의 비행사로 임명하였다. 항공인이 매우 적었기에 항공학교 졸업생은 대개 소령으로 임명되었다.

이튿날 왕웅 즉 김홍일과 최용덕이 항공사령부로 기옥을 찾아왔다. 김홍일은 구이저우강무당을 졸업하고, 1925년 10월 9일 광둥의 동로총사령부로 와서 국민혁명군 총지휘부 소령참모로 발령받았다. 최용덕은 서왈보의 도움으로 바오딩항공학교에 입학하여 졸업한 후 쑨촨팡 군벌

1927년 쑨촨팡의 비행기를 접수하러 간 항저우에서(권기옥 앨범)

의 항공대에 있었는데 김홍일의 설득으로 국민혁명군에 참여하였다.

기옥이 동로항공사령부의 비행사로 임명되었을 때 동로항공사령부는 조직의 초기 단계로 별다른 장비도 인원도 없었다. 동로항공사령부는 군벌들의 무기를 접수하기 시작하였다. 기옥과 몇 명의 공군장교들은 류페이첸 항공사령관의 명령으로 가장 먼저 저장성장 쑨촨팡을 불렀다. 쑨촨팡은 국민혁명군에게 저항하지 않고 항저우에서 상하이의 호텔 즉 동로항공사령부로 찾아와 자신의 비행기와 비행장 이양 서류에 서명하였다.

1927년 3월 말 기옥과 류페이첸 장군, 미국인 군사고문들은 쑨촨팡의 비행기를 접수하기 위해 항저우로 갔다. 이상정도 통역으로 동행하였다.

1927년 6월 4일 항공서 항공 제1대 상위관찰사 위임장
(숭의여자고등학교 소장)

국민정부 항공서 제1대 비행사

　　1927년 4월 12일 상하이와 국민정부의 군대 안에 있는 모든 공산주
의자를 체포하라는 장제스의 명령이 내려졌다. 국민당지도부가 국공합
작을 유지하려고 장제스를 제명하자, 장제스는 국민당좌파가 이끄는 우
한정부에 맞서 4월 18일 난징에 우파정부인 난징국민정부를 수립하였
다. 상하이에 있던 국민정부의 항공사령부도 난징으로 이동하여 새로
발족한 항공서航空署에 흡수되었다. 기옥도 난징으로 이동하였고, 동로군
항공사령부 비행사에서 1927년 6월 4일 국민정부 군정부 항공서 제1대

1927년 6월 우한정부는 공산당과 결별하고 장제스와 연합하였다. 공산당은 8월에 난창에서, 12월에는 광저우에서 무장봉기를 일으켰다. 1928년 1월 2일 장제스가 국민혁명군 총사령관에 다시 취임하고 4월 7일 북벌작전을 전개하여 파죽지세로 중국을 휩쓸자 각지의 군벌들이 투항하였다. 기옥은 상하이와 난징 사이를 오가며 연락·정찰 비행을 하였다.

이즈음 『중외일보』가 기옥에 대한 소식을 전하였다. 즉 우한정부에서 활약하던 비행사 김치간金致旰이 1927년 8월 25일 평양으로 돌아와 전한 내용이라며, "남경정부에 평양 출생의 여비행사 권기옥씨와 최용태崔用泰씨가 있다하나 더 자세한 소식은 못들었습니다"라며 기옥을 언급하였다.(「조선인 비행가 諸氏 중국혁명전선에서 활약」, 『중외일보』 1927. 8. 28) 1926년 5월에 서왈보·이영무와 함께 최초의 한국여류비행사로 기옥을 소개한지 1년여 만이었다. 그러나 그녀가 평양 출신이고 난징정부에 있다는 내용은 1926년 5월의 신문기사들에서 이미 언급한 것이었다. 새로운 내용은 없었다.

항공서가 자리를 잡아가면서 비행기도 증가하였다. 기옥은 매일 새벽 비행연습을 했다. 곡예, 편대, 정찰, 공중전, 폭격 등 여러 가지 종목이었다. 그러나 비행연습을 끝내면 할 일이 없었다. 고국의 독립을 위한, 조국을 향한 그녀의 비행은 멀게만 느껴졌다. 상당히 많은 월급을 받던 비행사들은 매일처럼 요릿집에 드나들었는데 기옥도 함께 다녔다. 그녀는 술은 전혀 하지 못했는데, 동료들과 어울리게 되면 분위기를 위해 그녀가 먼저 기생을 불러 앉혔다. 국민정부로부터 받은 그녀의 월급은 약

200원이었는데 당시 쌀 1말이 80전이었다. 중국인들은 매일처럼 술을 마셨지만 취해서 몸가짐을 흐트러뜨리는 일이 없었다. 그녀는 술 취한 동료로부터 술주정을 당한 일이 없었다고 한다.

1928년 구정 무렵, 광둥항공학교를 졸업하고 소련에 유학했던 한국인 비행사들이 난징으로 돌아왔다. 1925년 가을 처음으로 모스크바비행학교에 김공집金公輯 · 金公楫 · 金公揖 · 金公輯(1896~1927)과 함께 파견되었던 박태하朴泰河 · 朴太廈 · 朴泰廈 · 朴泰和(본명 朴斗鉉), 1927년 2월에 모스크바 비행학교로 갔던 김지일 · 김진일 · 유철선 · 이용직 · 장성철, 그리고 이들이 파견될 때 교관시찰단으로 함께 갔었던 이영무가 도착하였다. 그런데 모스크바에서 돌아온 비행사들을 국민정부가 사상검사를 시작하였다. 김진일 · 이용직 · 장성철은 심사에 통과하였다. 김지일 · 박태하 · 유철선 · 이영무는 통과하지 못했다.

간첩혐의로 중국경찰에 체포되다

1928년 3월 18일, 그 날은 일요일이었다. 기옥은 이상정 · 손두환과 함께 한국인 지인의 장례식에 갔다가 그 곳에서 의열단원 조녑석趙念錫 · 주취천朱翠天을 만났고 함께 그녀의 집으로 향했다. 그들이 기옥의 집 앞에 도착했을 때 중국경찰들이 그들을 둘러쌌고 공산주의자 혐의로 체포하였다.

이 소식은 『동아일보』 · 『매일신보』 · 『중외일보』의 1928년 5월 25일자, 『동아일보』 1928년 6월 1일자, 그리고 『동아일보』의 기사내용은 미주에서 발간된 『신한민보』 1928년 6월 21일자(「중국 전진 공중에서 비행하

1928년 중국경찰에 체포되어 일본영사관에 수감되었다고 알린 신문에 수록된 권기옥의 사진(「戰塵의 중국상공에서 翱翔하던 조선女鳥人 호송」, 『동아일보』 1928. 5. 25)

던 조선여자로 중국혁명에 가담한 권기옥양을 체포 호송하여」)와 7월 5일자(「도 인권양과 의열단 평양에 호송」)에 게재되었다.

조선여자로 중국혁명에 가담하여 이채를 발하던 권기옥 양 체포 호송, 공 산당 혐의로 피착. 잠시도 풍운이 그칠 사이 없는 중국에 있어서 일찍부 터 풍옥상군에 가담하여 가지고 잔약한 여자의 몸임에도 불구하고 비행 기를 조종하여 자기의 혁명을 도모하는 중국의 사나이 군인보다도 더욱 심혈을 다하여 가지고 죽을 고경苦境을 여러 번 당하고 일시는 행방불명 혹은 전사戰死의 소문까지 들리던 평양 출생 권기옥(28) 양은 최근에는 역

시 평양 출생인 손두환係斗煥 외 상해 가정부에 요직要職을 띠고 있는 모씨
某氏 등과 함께 남경에 있던 중 얼마 전에 집세[家貰]로 인하여 집주인 중국
사람과 싸움을 한 것이 공산주의자의 혐의를 받아 가지고 중국관헌에게
체포되어 당시 일본영사관에 인도하였으므로 멀지 않아서 손두환과 및
모씨 등과 함께 원적지 평양으로 호송되어 오리라는데 양은 일찍이 평양
숭의여학교를 졸업하고 삼일운동 당시에 징역 육개월을 복역한 후 즉시
중국으로 건너가 상해, 남경, 광동 등지로 다니며 공부를 하다가 뜻을 결
단하고 운남으로 가서 그 곳 비행학교에 입학하여 조종술을 배운 후 여류
조종사가 되어 가지고 장개석군張介石軍에 가담하여 활동하다가 다시 풍옥
상군에 가담하여 활동하던 중이었는데 중국비행사들에게는 그의 뛰어난
재주와 활발한 성격과 남의 혁명을 내 일로 알아 심혈心血을 다하는 그로
서는 다대한 환영을 받던 터이라더라.

－[평양]「전진(戰塵)의 중국 상공(上空)에 고상(翶翔)하든 조선 여조인(女鳥人) 호송」,

『동아일보』, 1928. 5. 25

평양 숭현여학교를 졸업 후 대정 8년 만세운동에 참가하여 징역 6개월
을 복역한 후 상해로 건너가 동지同地 홍도여중학교를 마친 후 비행기 조
종술을 배워 여류비행가로 일시一時 풍옥상군馬玉祥軍에 참가하여 군중軍中
의 홍일점으로 용감히 활약하던 원적原籍 평양부 상수구리 25번지 권기
옥(28)은 지난 4월 18일에 남경에 와서 역시 평양 출생인 장문환張文煥 외
3명과 같이 집세문제로 가주家主와 쟁투를 하다가 중국관헌에게 공산주의
자의 혐의로 체포되어 본本 영사관으로 인도되었으므로 근일 원적지인 평

양으로 송환送還케 되리라는데 전기前記 5명 중에는 상해가정부의 중요한
인물도 섞여 있는 모양이라더라.

- 「중국의 동란(動亂) 속에서 활약튼 여조인(女鳥人) 컴먼이스트로 被捉,
그 외 네 명과 불일간 평양에」, 『매일신보』 1928. 5. 25

평양 숭현여학교를 졸업하고 기미운동己未運動 당년에 만세사건으로 징역
6개월에 처형되었다가 출옥 즉시로 상해로 건너가 동지 홍도여자중학교
弘道女子中學校를 마친 후 비행기 조종연습을 하며 비행사가 되어 가지고 풍
옥상 군대에 가담하여 위험한 전선에서 맹렬히 활동하고 있던 평양부平壤
府 상수구리上水口里 25번지 권기옥(28)은 지난 4월 8일 남경에서 손두환係
斗煥 외 3명과 같이 공산주의를 선전하다가 체포되어 근일 평양으로 호송
되어 오리라더라.

- [평양] 「풍군 진중(馮軍陣中)에서 활동하던 여비행사 권기옥, 남경서 주의선전을 하다 잡혀
서 원적지 평양으로 호송되어 온다. 평양 숭현여학교 출신」, 『중외일보』 1928. 5. 25

중국 남경에서 체포되어 불일간不日間 평양 도착. 기보 중국 광동정부의
참모부에 있다가 모스크바를 다녀와서 남경에 있던 여류비행가 권기옥
양과 손두환과 의열단원 주취천, 이상정, 조념석 등 5명이 중국 남경에서
지난 3월 18일에 공산당 혐의로 중국관헌의 손에 체포되어 일본영사관을
거쳐 평양으로 호송되어 불일간 평양에 도착하리라는데 ……

- 「여조인(女鳥人) 권양(權孃)과 의열단원 호송」, 『동아일보』 1928. 6. 1

중국군에서 비행사로 활동   97

1년만에 신문에 실린 기옥의 소식이었다. 내용에 상당한 오류가 있지만 신문기사들을 종합해 보면, 기옥은 평양 숭현여학교와 숭의여학교 출신이고, 1919년 만세운동으로 6개월 동안 복역한 후 상하이로 건너갔으며, 훙따오여학교 졸업 후 윈난비행학교에서 조종술을 배워 여류비행사가 되었다. 펑위샹 군과 장제스 군에서 활동하였고, 집세 문제로 집주인 중국인과 다투었는데 그 때문에 중국관헌에게 공산주의자 혐의로 체포되어 난징의 일본영사관으로 넘겨졌고, 곧 본적지인 평양으로 호송될 예정이었다. 기옥과 함께 체포된 이들은 손두환·이상정·조넘석·주취천 등 4명이었다. 손두환은 임시정부 군법국장과 경무국장을 거쳐 황푸군관학교 교관으로 근무하다가 1927년 3월 모스크바에 다녀온 적이 있었다. 조넘석은 금릉대학생으로 1925년 7월 화동華東한국유학생연합회 집행위원으로 선출되었고, 1926년 3월 10일 동회同會 기관지『화동학우華東學友』에 '재무부에서'라는 글을 게재하였다. 기옥 등이 공산주의자 혐의로 체포된 이 사건은 중국국민정부의 공산당 탄압이 독립운동에 투신해 있던 한국인들에게도 상당히 큰 영향을 미쳤다는 것을 의미한다.

　기옥이 평양으로 압송될 것이라는 기사를 게재한 지 약 한 달 후『매일신보』를 제외하고『동아일보』와『중외일보』그리고『신한민보』(「권기옥 양이 백방되어, 남경 중국인의 활동으로」, 1928. 8. 16) 는 기옥이 석방되었다는 소식을 전하였다. 난징의 일본영사관에 40일 동안 감금되어 취조를 당하였던 기옥 등이 중국인 유력자의 도움으로 석방되었다는 내용이었다. 그리고 그러한 사정을 기옥이 평양의 그녀 아버지에게 편지로 알렸다는 것이었다.

상해에서 손두환씨와 권기옥 여사가 일본영사관 경찰서에 잡혀 신의주新
義州로 호송되었다 함은 그 뒤 자세히 알아본 결과 그 양씨는 남경 일본영
사관 경찰서에 잡혀 1개월 10일간이나 엄중히 취조를 받다가 증거불충분
으로 석방되었다더라.

-「손권(孫權) 양씨(兩氏)의 압송(押送)은 허설(虛說)」, 『동아일보』 1928. 6. 28

권 양이 전하는 소식. 평양 숭현여학교를 졸업하고 기미년己未年 만세사건
으로 징역 육개월에 처형되었다가 출옥 즉시 상해로 가서 비행기 조종연
습을 한 후 비행사가 되어가지고 풍옥상 군대에 가담하여 가지고 맹렬한
활동을 하고 있던 평양 출생 권기옥(28)이 지난 5월 중순경에 남경서
공산주의를 선전하였다 하여 일본영사관의 손에 체포되어 본적지인 평양
으로 호송되어 온다는 것은 그 당시에 보도하였거니와 최근 남경에서 부
내 장별리將別里에 있는 권양의 본집에 도착된 권양의 편지를 보아 남경
중국인 유력자들의 활동으로 3주간 철창생활을 하고 본국으로 압송될 뻔
하였다가 무사히 석방된 것이 판명되었다는데 이제 권양의 편지 일절을
소개하건데, 전략 …… 아버님, 여식의 일로 매우 놀라셨지요? 여식은 어
떤 친구의 장례식에 참례하였다가 돌아오는 도중에 갑자기 일본영사관의
손에 잡혀서 3주간 철창생활을 하다가 하마터면 평양까지 갈 뻔하였사오
나 이 곳의 유력한 중국인들의 활동으로 무사히 석방되었사오니 안심하
시옵소서…이하 략이라고 하였다는 바 양의 피착되었다는 신문의 기사를
보고 놀라 애를 태우고 있던 가족들은 이 편지를 받고 겨우 숨을 쉬었다
더라.   -「권기옥양, 무사 백방(無事白放), 중국인의 주선으로」, 『중외일보』 1928. 7. 3

1928년 5월 초순, 기옥 등은 중국 인 유력자의 도움으로 석방되었다. 당시 그녀의 고초가 얼마나 컸던가 는 『동아일보』 특파원으로 1928년 10월 26일부터 난징을 방문하였던 주요한에 의해서도 확인된다. 주요한 은 장쯔지앙의 집을 방문하였다가 가 정예배에 참석하러 온 기옥과 이상정 을 만났다. 그리고 그녀를 만난 소감 을 다음과 같이 피력하였다.

예배에 만각晩刻하여 들어오는 사람이 있는 모양이므로 본즉 이 어인 기 우奇遇냐. 여류비행사로 이름있는 권기옥 여사의 부부다. 들으매 서북군 을 따라서 활동하다가 현재는 남경 비기장에 몸을 붙이고 있다는 바 중국 을 다 털어놓고 보아도 유일한 여女비행사다. 단발, 중복中服의 여사는 이 역 풍상風霜으로 인因함인지 전보다 훨씬 수척瘦瘠한 것이 눈에 띄었다.

－남경에서 주요한, 「신중국 방문기 七 : 요인 전부 이경(離京),

상해 탕산(湯山)에 일요 휴양」, 『동아일보』 1928. 11. 23

이보다 훨씬 많은 내용의 대화를 하였겠지만 신문에는 단지 외국에서 고생하는 망국민 여류비행사로 기옥이 언급되었다.

이상정은 이때 중국 수사기관으로부터 조사받았던 내용을 기록으로 남겼다고 한다. 그런데 그의 글을 모아 1950년에 간행한 『중국유기中國遊記』에는 이 부분이 빠져 있다. 『중국유기』에 수록된 글들은 대부분이 기행문과 답사기를 겸한 것인데, 이상정은 동북지방과 내몽골, 그리고 베이징 부근을 비롯하여 그가 여행한 곳의 유적지들을 답사하였다.

국민정부 항공서 항공대로 복귀

1928년 5월 초순 일본영사관에서 풀려난 기옥은 난징의 항공대에 복귀하였다. 그리고 1929년 봄 이상정과 함께 난징의 푸쯔먀오[夫子廟] 근처 친화이허[秦淮河] 부근 과수원에 작은 집을 마련하였다. 이즈음 이상정은 지인의 요청으로 쉬저우[徐州] 주둔 국민정부군 사단 훈련처 책임자로 배속되었다가 며칠만에 휴가를 내는 형식으로 사임하고 난징으로 돌아왔다. 당시 국민정부와 잠깐 동안 대립한 펑위샹의 서북군을 국민정부군이 비난하는 격문을 만들자 그는 크게 난감해 하였다. 이후 이상정은 1938년까지 중국군에 직접 관여하지 않았다. 한편 일제 정보보고에 의하면, 이상정은 1930년 12월경에 베이핑[北平]대학의 청강생이었다.

1931년 5월 5일자 『동아일보』에 "여비행가로 일찍 전 중국의 화형花形이 된 권기옥 여사가 있는 것은 세상에 드러난 일이거니와"라며 기옥이 언급되었다. 1928년 일본영사관에 40여 일 동안 수감되었다가 석방되었다는 소식을 알린 지 3년만이었다. 그러나 석방된 이후 그녀가 어떠한 생활을 하였는지에 대한 언급은 없다.

1931년 9월 18일 일제는 만주를 침략하였고, 1932년 1월 28일 상하이사변[上海事變]을 일으켰다. 중국인을 매수하여 일본사찰을 습격하고 승려 2명을 포함하여 4명을 살해하고, 이 사건을 빌미로 일본인 보호 명목으로 일본 해군육전대를 상하이에 상륙시킨 것이었다. 수도 난징과 가까운 상하이가 공격받자 장제스는 결사항전을 결정하였다.

기옥은 난징국민정부 항공대 제1대 소속이었는데, 제1대는 정찰임무를 부여받았다. 80~120파운드의 폭탄 4개를 싣고 출격하여 폭격 임무를 수행하기도 하였다. 기옥도 몇 차례 출격하였으나 일본 비행기와 마주치지는 않았다. 그녀는 무척 아쉬웠다. 일본 타치가와[立川]비행학교에서 공부해 1929년 비행사 면허장을 취득하여 1930년 국민정부 항공대에 입대한 김연기金鍊器(1910~?)에 의하면(在南京 金鍊器, 「중국 항공계의 現勢」, 『동광』 제40호, 1933. 1. 23), 이즈음 국민정부 중앙항공대는 제1대~제7대로 구성되었고, 각 대隊는 대장 이하 22~23명의 장교가 있었으며, 비행사는 160~170명, 비행기는 약 200대 규모였다. 항공서 서장은 중장中將, 부서장은 소장少將, 각 대의 대장은 대좌大佐, 비행사는 중좌中佐·소좌少佐·대위大尉 등 여러 층이었다. 김연기는 항공대 제1대, 이영무는 항공대 제3대, 난유안항공학교를 졸업한 최용덕은 항공대 제4대에서 근무한 것이 확인된다. 3월 3일 상하이사변은 마무리되었다. 미국·영국·프랑스 등의 개입으로 정전협상이 시작되었기 때문이다. 기옥은 상하이 전투에서의 활약을 인정받아 무공훈장을 받았다.

1932년 겨울, 이상정은 안혜경顔惠慶(1877~1950) 장군의 요청으로 중국군의 통역이 되어 소련으로 갔다. 소련 톰스크Tomsk의 피난민 수용소에 수용되어 있던 마잔산[馬占山](1884~1950) 부대를 본국으로 송환시

키기 위해서였다. 만주사변 이후 중국군의 항일투쟁을 최선봉에서 이
끈 마잔산 부대에는 만주에서 일본군과 최후까지 싸우던 이범석李範奭
(1900~1972) 등 한국독립군들이 상당수 포함되어 있었다.

이상정은 중국군 장교들과 함께 시베리아 횡단열차를 타고 서시베리
아평원에 있는 톰스크로 갔다. 포로송환 협상 결과 사병들은 1933년 봄
에 모두 석방되었다. 마잔산 장군과 이범석 등 47명은 제1차 세계대전
이후 변모한 소련과 구미 각국의 군사 시설과 군사 시책 등을 시찰하기
위해 모스크바행 열차를 탔는데 이상정도 함께였다. 모스크바를 시찰한
일행은 4월 18일 모스크바에서 특별열차를 타고 4월 21일 독일 베를린
에 도착하여 2주 동안 머문 후, 1933년 5월 9일 이탈리아 로마로 갔다.
그리고 마잔산 장군 등 14명은 룩셈부르크에서 이탈리아 기선 '첸데롯
소'호號를 타고 상하이로 출발, 6월 5일에 도착하였다. 이상정 등은 시베
리아 횡단열차를 타고 베이징으로 향했다. 1933년 초여름 이상정은 난
징으로 돌아왔다.

국민정부 항공서 편역원, 항저우항공대 비행사

1933년 5월 17일 기옥은 항공서 교육과 편역원으로 임명되었다. 그리
고 그 해 7월에는 중앙항공학교가 있는 항저우항공대로 발령받았다. 비
행교관도 겸하여 항저우 중앙항공학교에서 5백여 명 소년공군을 교육하
였다. 중앙항공학교는 1928년 10월에 난징의 중앙육군군관학교 항공대
로 설립되었고, 1931년 12월에 항저우 지예챠오[笕橋]로 학교를 이전하

1933년 5월 17일 항공서 편역원 위촉장(숭의여자고등학교 소장)

였으며, 1932년 9월 1일 중앙항공학교로 학교 명칭을 변경하였다. 항공
서도 난징에서 항저우 매동고교梅東高橋로 옮기고 항공서 항저우 판사처辦
事處라 불렀으며 비행대를 항공대로 편성하였다.

일제정보 보고(「義烈團經營の南京軍官學校の全貌」, 『사상휘보』제4호,
1935. 9. 1, 111쪽)에 의하면 기옥은 항저우에서 의열단 조선혁명군사정치
간부학교(공식명은 '중국국민정부 군사위원회 간부훈련반 제6대')의 학생 모집원
및 연락원으로도 활동하였다. 이 학교는 1932년 10월부터 1935년 9월까
지 제1기생 26명, 제2기생 55명, 제3기생 44명 등 125명을 양성하였다.

기옥이 난징에서 항저우로 거처를 옮기자 이상정은 항저우와 난징

난징에서 정유택을 만났다고 이상화에게 보낸 이상정의 편지(『이상화탄생 백주년 기념 특별전』, 21쪽)

을 오가며 생활했다. 이상정이 동생 이상화李相和(1901~1943)에게 보낸 편지에 의하면 항저우에 3주 정도 머문다고 하였다. 그 때문이었는지, 1933년 12월 항저우에 소재하던 임시정부는 이상정을 임시의정원의 경상도의원으로 보선하였다. 그러나 이상정은 의정원회의에 참석하지 않았다. 1934년에도 임시의정원 의원에 추천되었다가 철회되었다. 한 연구자는 이상정이 임시의정원에 참여하지 않은 이유가 한국인과의 만남에 거리를 두었기 때문인지, 그가 의열단 쪽 사람들과 가까워 임시정부에 참여하지 않았던 것인지는 확실하지 않다고 하였다. 이상정이 주로 난징에 거주하였음은 난징에서 동향 후배인 정유택鄭裕澤을 만났다는 사실로도 알 수 있다. 의열단원 정유택은 1934년경 난징 부근에 있었다. 이상정은 난징한족연합회를 조직하여 활동했고, 의열단 조선혁명군사 정치간부학교의 업무를 도왔다.

이즈음 조선총독부에서 발행한 『국외용의조선인명부國外ニ於ケル容疑朝鮮人名簿』에 기옥은 133쪽, 이상정은 286쪽에 수록되어 있다. 그 내용을 보면, 기옥은 "1901년 1월 11일 평안남도 평양부 상수구리(본적)에서 태어나 현주소는 중국 항저우, 1920년 상하이로 밀항하여 윈난비행학교 졸업, 학교 졸업 후 국민정부비행사로서 난징에 거주, 1933년 7월 항저우 항공국에 부임"이다. 이상정은 "이명이 산은汕隱·연호然晧(별명)이고, 1894년 6월 10일 경상북도 대구부 본정 2-11(본적)에서 태어나 현주소는 북평北平 등시燈市 구곽기당도서관ㅁ郭紀堂圖書館 내, 1909년 도쿄 세이죠오[成城]중학 3년 수학, 1912년 9월 도쿄 고쿠가쿠인[國學院] 입학, 1915년 8월 졸업, 이후 사립 대구 계성학교·평북 오산학교·평양 광성고보 등에서 교편, 손문의 삼민주의에 공명하여 1925년 5월경 중국으로 건너가 광둥정부 항공대 통역생, 1930년 12월경 평북대학 청강생, 국민정부 여비행사 권기옥의 정부로서 난징과 상하이 사이를 자주 왕래, 민족주의"라고 기록되어 있다.

대한 독립을 위해 비행사가 된 기옥, 조국의 독립을 위해 중국군에 협력하여 활동하고 있던 이상정을 일제는 감시하였고, 계속 감시해야 할 인물들로 분명하게 제시하였던 것이다.

선전비행의 비행사로 선정되어

1933년 8월 항공서는 중앙군사위원회에 예속되었고, 산하에 폭격·구축 (추격)·정찰의 3개 항공대를 설치하였다. 1934년 3월, 항공서는 항저우 에서 난창으로 이전하였고, 5월에는 군사위원회 소속 항공위원회로 개 편되었다. 장제스가 위원장, 쑹메이링[宋美齡](1899~2003)이 비서였고, 진 경운陳慶雲이 항공위원회의 실무를 담당했다. 진경운은 선전비행을 계획 하여 장제스 위원장의 허락을 받았다. 선전비행의 목적은 중국청년들에 게 비행의 안정성을 과시하고 중국청년들이 공군에 지원하도록 하기 위 해서였다. 효과를 크게 하기 위해 여자비행사에게 선전비행을 맡기기로 결정하였다. 기옥과 이월영李月英(1912~1944)이 선전비행의 비행사로 선 정되었다. 이월영은 미국 포틀랜드에서 태어나 포틀랜드의 항공학교를 졸업하고 1932년 비행사 면허를 취득하였다.

1935년 초, 항공위원회 부위원장 쑹메이링이 기옥에게 선전비행을 제안하였다. 선전비행의 실무는 상하이에서 이루어졌다. 1932년 1월부 터 상하이 시장으로 있던 우톄청[吳鐵城](1888~1953)은 유지들에게 모금운 동을 전개하여 3만 달러를 마련하였고, 미국에 장거리 선전비행용 비행 기를 주문하였다. 이탈리아 교관도 특별히 초빙되었다. 선전비행은 상 하이와 베이징을 오가는 화북항공선華北航空線, 상하이와 광둥을 연락하는 화남華南항공선, 상하이에서 싱가포르와 필리핀을 거쳐 일본까지 갈 남 양南洋항공선으로 계획되었다.

미국에 주문한 비행기가 3개월만에 상하이에 도착하였다. 그러나 비

1935년 선전비행 준비 중(권기옥 앨범)

대한독립을 위해 하늘을 날았던 한국 최초의 여류비행사 권기옥

행기를 조립한 후 비행대장이 성능시험을 마치고 착륙하다가 프로펠러를 부러뜨렸기에 선전비행은 연기되었다. 상하이에서 프로펠러를 만들어 끼우는 동안 2주일의 시간이 흘렀다. 모든 준비를 마치고 출발을 앞둔 6월 하순 일본군이 베이징에 인접한 펑타이[豊臺]를 점령(1935년 6월 28일)했다는 소식이 들려왔다. 이 소식을 신문에서 본 기옥은 걱정하였다. 선전비행의 첫 예정지가 베이징이기에 일본군이 펑타이를 점령했다면 베이징 사람들이 선전비행을 구경할 여유가 없을 것이기 때문이었다. 그보다도 더욱 염려 되는 것은 일본군이 펑타이를 점령했다면 그녀는 베이징에 갈 수 없다는 사실이었다. 여전히 일제가 그녀를 노리고 있을 것이므로 일본군의 세력이 팽창했을 때 베이징에 간다는 것은 너무나도 위험한 일이기 때문이었다. 그렇다고 뒤로 물러설 수도 없었다. 그때 선전비행의 모든 계획을 당분간 연기하라는 상부의 지시가 내려왔다. 이월영은 낙심하였고, 오래지 않아 미국으로 돌아가버렸다. 기옥도 선전비행이 연기되자 크게 실망하였다.

난창 공군도서관 근무

선전비행이 무산된 후 기옥은 난창의 항공위원회로 돌아왔다. 기옥이 선전비행을 위해 상하이에 가 있는 동안 항공위원회는 항저우에서 난창으로 이동하였다. 기옥은 난창의 공군도서관으로 전보되었다. 비행사가 되기 위해 윈난항공학교를 찾아갔고, 그곳에서 열심히 비행술을 배워 비행사 자격증을 획득하였으며, 상하이전투에 참여한 공로로 무공훈

장까지 수여하였는데, 공군도서관에 근무하라는 것은 그녀에게 너무나
도 충격적인 통보였다. 비행사에게 도서관이라니… 그녀는 고민 끝에
1935년 8월 비행사복을 벗었다. 틈틈이 유지비행維持飛行, Keeping Flying을
계속했던 그녀의 당시까지의 비행시간은 윈난항공학교에서의 300시간
을 합하면 약 1,300시간이었다.

  1936년 1월 1일자 『조선중앙일보』에 「조선비행사 명록名錄」이라는
제목으로 한국인 비행사들의 이름과 간략한 이력이 수록되었는데, 기옥
도 언급되었다. "평양 출신으로 중국 윈난비행학교를 졸업하고 현재 공
산주의로 피촉被促 후는 미상未詳"이라 하였고, 그녀의 상반신 사진을 수
록하였다. 그런데 이 때 수록된 그녀의 상반신 사진은 1928년 5월 25일
자 『동아일보』에 수록된 것과 같다.

스파이혐의로 체포되다

기옥이 난창 공군도서관에 근무하고 있을 때 이상정은 난창항공협진회 南昌航空協進會 위원을 맡는 등 중국군의 항공 관련 업무에 관여하였다. 그러나 군인 신분은 아니었을 것이고, 기옥과 무관하지 않았을 것이다. 이 즈음 이상화가 이상정에게 백부 이일우李一雨의 편지를 보냈고, 백부가 위험하니 귀국하라는 내용의 편지도 보냈다. 그러나 일제의 체포망이 그를 기다리고 있던 고향으로 이상정은 귀국할 수 없었다.

1936년 여름 어느 날, 기옥은 도서관 정리가 끝나갈 무렵 위병소로 나오라는 전화를 받았다. 그녀가 위병소로 나가니 이상정도 그 곳에 와 있었다. 두 사람은 대기해 있던 트럭에 실려 군법처軍法處로 갔고, 신원확인 후 감옥에 수감되었다. 이상정은 기옥과 다른 곳으로 끌려갔다. 기옥은 10일 이상 감옥에 갇혀 있었는데, 가끔 감방에 들르는 서양인 여자전도사에게 군법처 처장부인을 만나 자신이 수감된 이유를 알아봐 달라고 부탁하였다. 며칠 후 여자전도사는 "고발 내용이 사실이라면 큰 일"이라고 처장부인이 말했다고 전했다.

수감되어 몇 달이 지난 어느 날, 기옥은 처음으로 불려나갔고, 트럭에 태워져 항공위원회의 큰 방에 도착하였다. 보초가 지키는 그 방에서 그녀는 약 두 달을 지냈고, 다시 트럭에 실려 주장[九江]을 건너 경비사령부에 도착하였다. 그 곳에서 기옥은 안경, 차주전자, 양말 등 그녀의 소지품을 압수당한 후 수감되었다. 이상정도 그 곳에 갇혀 있었다. 감옥들을 전전한 지 8개월만에 기옥은 세수하러 가는 길에 이상정과 마주쳤다. 그

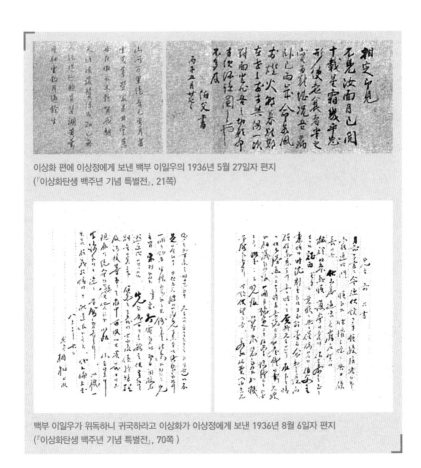

이상화 편에 이상정에게 보낸 백부 이일우의 1936년 5월 27일자 편지
(『이상화탄생 백주년 기념 특별전』, 21쪽)

백부 이일우가 위독하니 귀국하라고 이상화가 이상정에게 보낸 1936년 8월 6일자 편지
(『이상화탄생 백주년 기념 특별전』, 70쪽)

런데 두 사람의 접촉을 알게 된 경비사령부에서 이상정을 기옥이 수감된 방에서 멀리 떨어진 방으로 옮겨버렸다. 이후 같은 감옥에 있었지만 기옥과 이상정은 만날 수 없었다.

1937년 음력 1월 1일(양력 2월 11일)이 지난 후 이상정은 경비사령부의 한 방으로 불려갔다. 1932년 2월 29일에 발족한 국민당 내의 비밀조

1937년 3월경 8개월의 옥살이 후 이상정, 중국인 친구들과 함께(권기옥 앨범)

직인 남의사藍衣社 즉 삼민주의역행사三民主義力行社의 타이리[戴笠]라는 사람
이 이상정에게 말하기를 그와 기옥이 체포된 것은 임시정부 쪽에서 밀
고가 들어온 때문이라고 하였다.

　1937년 3월 초순에는 기옥이 경비사령부로 불려나갔다. 그리고 수
사 결과 의심스러운 내용이 없어 보석해 줄 것이니 서명하라는 말을 들
었다. 기옥은 서명하지 않았고, 죄가 없다고 확신하여 풀어주려면 무조
건 석방하라고 주장했다. 며칠 후 기옥은 이상정과 함께 석방되었다.
8개월만이었다. 당시 헌병대 대위 장흥張興(이명 張基鎭, 중국 이름 宋縣憲,
1903~1983)이 그녀 대신 보석신청서를 작성하고 서명했다며 그의 집으
로 두 사람을 데려갔다. 장흥은 1927년 황푸군관학교 제5기 졸업생으로

1937년 3월~6월경 난징을 방문한 이상화와 함께 권기옥, 이상정(권기옥 앨범)

1937년 3월~6월경 이상정과 이상화가 베이징 자금성으로 보이는 곳에서 찍은 사진(권기옥 앨범)

대한독립을 위해 하늘을 날았던 한국 최초의 여류비행사 권기옥

의열단원이자 조선민족혁명당의 감찰요원監察要員이었다. 장흥의 집에서 하루를 쉰 후 기옥과 이상정은 난징 친화이어의 그들 집으로 돌아왔다.

기옥과 이상정이 수감된 이유는 '일본의 밀정' 노릇을 했다는 혐의였다. 기옥이 국민정부군 공군의 정보를 수집하여 이상정에게 넘기면, 이상정은 그 정보를 일본인들에게 넘겼다는 것이었다. 누가 그들을 모함하였는지 알 수 없었는데, 이상정은 기옥의 윈난항공학교 동창생일 것이라 생각하였다.

이상화와의 만남

이상정의 동생 이상화가 찾아왔다. 이상정이 수감되었다는 소식을 듣고 온 것이었다. 이상화는 일본으로 건너가 그 곳에서 공부하고 있던 셋째 이상백李相佰(1904~1966)과 의논한 후 중국으로 왔는데 그가 도착하였을 때 기옥과 이상정은 석방된 후였다. 이상화는 약 3개월 동안 중국에 머물렀고, 난징의 사진관에서 권기옥·이상정과 함께 기념사진을 찍기도 하였다.

이상화는 이상정과 함께 난징은 물론 베이징·항저우·쑤저우 등 중국 명승을 돌아보고 1937년 6월에 귀국하였다. 당시 이상화는 이상정의 많은 원고를 가지고 귀국하였는데, 귀국 후 이상정을 만난 일로 일본경찰에 체포되어 조사를 받았고 그 과정에서 이상정의 원고를 압수당하였다고 한다. 이상화는 11월 말경 석방되었다.

중일전쟁 발발 후 난징 탈출

1937년 7월 7일 중일전쟁이 발발하였고, 9월 하순 난징에 일본 비행기의 공습이 시작되자 기옥과 이상정은 난징 허핑문[和平門] 밖으로 피난을 갔다. 이초생李初生(이명 李載祥·秋田豊) 신문기록(1939년 10월 30일, 11월 4일, 11월 9일, 11월 21일)에 의하면, 그는 1937년 10월 1일 난징에 도착하여 허핑문 밖으로 피난 간 아내를 찾아갔다. 당시 기옥과 이상정은 허핑문 밖 동린촌東隣村 40호에 김모金某 등과 함께 거주하고 있었다. 동린촌 40호에는 조선민족혁명당 간부 윤기섭, 김홍일, 의열단 조선혁명군사정치간부학교 제1기(1932. 10. 20~1933. 4. 20) 졸업생 정일명鄭日明(이명 鄭八仙·高信葉) 등이 출입하며 무엇인가를 의논하고 있었다. 이초생의 아내는 장흥 부부, 그 어머니와 함께 동린촌 34호에 거주하였는데 34호에는 김원봉이 찾아오곤 했다. 기옥과 이상정은 태평로太平路 118에 거주하고 있던 임득산의 집에도 출입하며, 그 곳에서 김홍서金弘叙(1886~1959)·장흥·정일명 등과 만났다. 당시 기옥은 임국영林國英이라는 가명을 가지고 있었다.

11월 12일 상하이를 점령한 일본군이 난징으로 진격하자, 11월 15일경 난징 성 안의 사람들은 피난하라는 중앙정부의 명령이 내려졌다. 11월 24일 새벽 기옥과 이상정은 조선민족혁명당 당원들과 함께 난징을 출발하여 피난길에 나섰다. 김원봉·박차정朴次貞(이명 朴哲愛·林哲愛, 1910~1944) 부부, 최창익崔昌益(이명 李建宇·崔東宇·崔昌錫·崔昌淳, 1896~1957)·허정자許貞子(이명 秀嘉伊·許貞淑, 1902~1991) 부부, 김영주

金永洲와 그의 가족, 김철남과 그의 가족, 김홍서·김윤서金允敍(1909~?)와 그의 가족, 문일민, 성주식成周寔(1891~1959), 신익희, 윤기섭, 윤세주尹世胄(이명 石正·尹小龍, 1900~1942), 윤난영尹蘭英(여), 윤치평尹治平, 이영준李英俊(이명 李英俊·王現之·陳義路, 1900~?)과 그의 가족, 이춘암李春巖, 임득산과 그의 가족 및 가게 점원들, 장 모張某(여), 정일명, 천자강千自江, 최장학崔章學(이명 陳嘉明, 1909~1987), 한일래韓一來와 그의 가족 등 일행은 90명 가까이 되었다. 일행은 민간 선박 7척에 승선하여 12월 초순경 주장에 도착하였다. 기옥과 이상정·김원봉·성주식·신익희·장흥 부부 등 민족혁명당 수뇌부들은 주장에서 기선을 갈아타고 우한으로 향했다. 우한 한커우에 도착한 일행은 조선민족전선연맹朝鮮民族戰線聯盟의 창립선언식에 참석하였다.

조선민족전선연맹은 1937년 7월 말 한국국민당·한국독립당·조선혁명당과 미주한인단체 등 우파세력이 한국광복운동단체연합회를 결성하자 이에 대항하기 위해 그 해 12월에 조선민족혁명당·조선민족해방운동자동맹·조선혁명자연맹 등 좌파세력이 결성하였다. 그런데 이상정은 김철남·손두환과 함께 개인 자격으로 각 단체의 결성에 대한 선언문을 발표하고 통일에 대한 간담회를 개최하였다. 즉 이상정은 중일전쟁 발발 이후 난징에서 좌파세력들의 연합을 위해 개인 자격으로 적극 참여하였다.

1937년 12월 중순, 기옥은 중국 국민정부의 요청을 받고 쿤밍으로 갔다. 기옥과 이상정이 쿤밍으로 갔다는 소식은 조선민족혁명당 기관지 『망원경望遠鏡』에도 수록되었다. 중국 국민정부는 중일전쟁 발발 직후 항저우의 중앙항공학교와 뤄양[洛陽]·광저우·난창의 항공학교들을 류저우 [柳州] 광시항공학교에 합한 후 10월에 윈난성 쿤밍으로 이동하였다. 기옥과 이상정은 1937년 12월 말경 쿤밍에 도착하였다. 기옥은 육군대학 항공과 교수를 제안받았는데 내키지 않았고 강의자료도 마땅한 것이 없어 거절했다.

충칭 육군참모학교의 교관

1938년 가을 기옥과 이상정은 충칭[重慶]으로 이동하였다. 이상정이 충칭 육군참모학교의 교관으로 임명된 때문이었다. 1926년 결혼 이후 1930년대 후반까지 기옥의 비행사 활동이 기옥과 이상정의 삶의 중심이었는데, 기옥이 비행사 복을 벗은 이후에는 이상정의 중국군 또는 임시정부 활동이 두드러졌다.

기옥도 민간인 신분으로 육군참모학교 교관이 되어 제4기부터 제7기의 학생들에게 영어·일본어·일본인 식별법·일본인 성격 등에 관해 교재를 만들어 가르쳤다. 육군참모학교에는 3년제 군관학교 졸업생 중 우수 장교들이 입교했다. 기옥은 정보수집 업무도 맡아 라디오 방송을 듣고 그 내용을 적어 군사통계국에 서류로 제출하였다. 주로 일본어 방송을 이상정이 듣고 그 내용을 부르면 그녀가 받아 적었다. 일본을 해롭게 하는 것이 우리나라를 위하는 일이라고 생각한 그녀는 무보수로 그 일을 하였다. 기옥은 이 학교에서 가르친 제자들 중 30여 명을 1971년 타이완 방문 때 만났다.

대한독립을 위해 하늘을 날았던 한국 최초의 여류비행사 권기옥

충칭 육군참모학교의 교관으로 근무하던 때의 권기옥과 이상정(권기옥 앨범)

이상정은 화중군사령부^{華中軍司令部}의 참모도 겸하였다. 일본통이고 중국 역사에도 정통하였다는 점에서 중국군에서 그를 필요로 하였던 것 같다. 일본 항복 직후 중국군이 일본에 진주할 계획으로 이상정을 진주 군사령부 중장 참모로 내정하였다는 증언은, 그만큼 이상정이 일본통으로 알려져 있었다는 의미이다.

이상정의 임시정부 참여

국민정부 현상논문공모에서 1등을 하여 장제스 등 중국인들로부터 "글 잘하는 이 장군"이라는 칭송을 받았던 이상정은 한국독립운동세력이 충칭에 집결한 1940년대에는 임시정부에 적극 참여하였다. 1941년 육군 참모학교에서 구이저우성 식봉현息烽縣에 위치한 유격대훈련학교의 소장少將교수로 전임되었는데도 1942년 8월 4일 임시정부 외무부 외교연구위원으로 선임되었고, 그 해 10월 말에는 임시의정원 경상도지역 의원에 선출되어 비판적인 관점에서 국무위원들에게 질문을 던졌다.

이상정은 임시의정원에 참여한 직후인 1942년 10월 28일자로 임시의정원에 「임시정부 승인에 관한 건」의 대표제안자로 나섰다. 그리고 같은 날짜로 "대한민국임시정부는 최단시일 내에 대중화민국 국민정부 군사위원회에 향하여 현하現下 한국광복군에 행용行用하는 소위 행동준승 9개조항行動準繩9個條項을 즉시 취소하고 절대적으로 국제간 평등적 입장에 처하여 우의적으로 적극 원조할 것이며, 중국영토 내에서 침략국가에 대하여 공동작전을 계속하는 기간 내에 있어서는 해군該軍의 지도를 임시로 태평양 전구戰區 중국 구區 사령장관司令長官에게 위임함이 타당하다 인認함"이라는 주문의 「광복군에 관한 건」의 대표제안자로도 서명하였다.

1943년 이상정은 임시의정원 제2분과위원, 의정원법 개정위원, 제1과위원장 등으로 활약하였다. 1944년에는 임시의정원의 제4분과위원에 김원봉·유동열·이청천李靑天·조성환과 함께 선임되었는데, 군무·교

影撮念紀同一員議院政議回四十三第國民韓大

제34회(1942.10.25.) 대한민국임시의정원에 참여한 이상정(『대한민국임시정부자료집』 44, 214쪽)

통을 담당하는 이 분과위원회 구성으로 미루어 그가 임시정부 내 군사
부문의 대표적인 전문가로 인식되었음을 알 수 있다. 그는 임시의정원
에서 한국민족에 대한 자부와 자존을 크게 강조하였다. 그는 중국 군직
을 가지고 있으면서도, 한국광복군의 자주적 활동을 위한 9개준승의 취
소를 여러 차례 강조하였으며, 9개준승을 취소하고 중국과 평등조약을
체결하자고 주장하였다. 기옥과 이상정은 중국군에 복무하면서도 한·
중 연대에 관심을 가졌다. 한국과 중국이 평등한 관계를 유지해야 한·
중 연대가 제대로 이루어질 수 있다고 믿었기 때문일 것이다.

그런데 이상정이 임시정부에 참여한 1942년에도 민족혁명당 당적을 유지하였는지는 확인되지 않는다. 그것은 이상정이 민족혁명당 출신인 이건우李健宇와 함께 1939년 4월 충칭에서 잡지 『청년호성靑年呼聲』을 발간하였는데, 그 잡지는 민족전선 통일문제에 대하여 김구·김원봉의 단일당單一黨 조직을 반대하고 연맹체 조직을 주장하는 것이라고 알려져 있기 때문이다. 그러나 이 시기 임시의정원의 경상도의원들은 김상덕金尙德·김원봉·유림柳林·이정호李貞浩·한지성韓志成 등 민족혁명당 등 좌파 계열들이 장악하고 있었으므로, 이상정도 이들과 크게 다르지는 않았을 것이다. 어떻든 이상정의 임시정부 참여는 15년 이상 중국에 있으면서 일정한 거리를 두었던 임시정부를 인정하고 그 안에서 독립운동을 전개해 나갔다는 점에서 의미가 있다.

1945년 2월 이상정은 한국독립당 1당 위주의 임시정부 개조와, 임시정부 내부의 대립과 갈등을 비판하는 세력들이 주도한 신한민주당 창당에 참여하였다. 한국독립당의 지도부에 불만을 가진 세력과 민족혁명당의 비의열단 계열이 연합한 형태로 조직된 신한민주당은 김붕준金朋濬·유동열·홍진洪震이 주석단을 맡고, 김철남·손두환·신영삼 등이 중앙집행위원에 선임되었다. 이상정도 중앙집행위원으로 활약하였다.

한국애국부인회 재건 참여

1940년 5월 한국국민당·(재건)한국독립당·조선혁명당이 한국독립당으로 통합 출범하면서 그 산하단체로 여성단체인 '한국혁명여성동맹'

韓國革命女性團體이 그 해 6월 17일에 창립되었다. 회장에 방순희方順熙(이명 方順伊, 1904~1979)가 선임되었다. 창립 당시의 참여자는 '한국혁명여성동맹 창립기념 전체 촬영' 사진에 의하면 김병인·김수현·김정숙金貞淑(1916~2012, 金朋濬의 딸)·김효숙金孝淑(1915~2003, 김붕준의 딸)·노영재盧英哉(김붕준의 아내)·방순희·송정헌·연미당延薇堂(이명 延忠孝, 1908~1981)·오건해·오광심吳光心(1910~1976)·오영선·유미영·윤용자尹容慈(池靑天의 아내)·이국영·이숙진李淑珍·이순승李順承(1902~?)·이헌경·정정산·정정화鄭靖和(이명 鄭妙喜, 1900~1991)·조용제趙鏞濟(일명 趙慶順, 1898~1948, 趙素昂의 여동생)·최선화崔善嬅(이명 崔素貞, 1911~2003)·최형록崔亨祿, 그리고 이름을 알 수 없는 3명 등 25명이었다. 이후 민노대·민영구閔泳玖(1909~1976)의 아내·민영구의 장모·민필호閔弼鎬·閔泌鎬(1901~1963)의 어머니·신순호申順浩·오희옥吳姬玉(1926~?)·유평파劉平波(1910~1947)의 아내·이광李光(1879~1966)의 아내·이충식의 아내·조성환의 아내·조시원趙時元(이명 趙鏞元, 1904~1982)의 아내·최덕신崔德新(1914~1977)의 아내·최동오의 아내·최동오의 어머니 등이 참여하였다.

한국혁명여성동맹은 한국독립당 여자당원의 친목단체에 가까운 성격을 띠고 있었으며, 독립운동가 자녀들에게 한글을 가르치는 교육활동을 펼쳤다. 한글교육은 역사교육과 함께 민족정체성의 중심이기에 중요한 의의가 있었다. 그러나 각 계파별 여성단체들이 통합되지는 않았던 것 같다. 기옥은 한국독립당의 방순희와 조선민족혁명당의 김순애를 찾아가 "부인네들끼리 무슨 단체가 그렇게 많이 필요하냐"며 통합을 위해 노력하였다. 당시 조선민족혁명당 계열 사람들은 충칭의 남안[南岸] 쑨자화위안[孫家花園]에, 한국독립당 계열 사람들은 충칭 시내에서 30리 정도 떨어진 투차오[土橋]에 살았다.

그런 가운데 1940년 9월 임시정부가 충칭으로 이동해 오면서 독립운동세력이 집결하자 독립운동상의 주의[主義]와 이념이 다른 조직들이 통합하는 통일전선운동이 추진되었다. 이런 분위기는 여성운동계에도 영향을 미쳐 1943년 2월 23일 각 계파 부인 50여 명이 임시정부 집회실에서 한국애국부인회 재건대회를 개최하였다. 사상을 불문하고 일치단결하여 상하이 임시정부 이후 와해되었던 상하이 대한애국부인회 조직을 재건하자는 것이었다.

주석에 김순애, 부주석에 방순희, 서무부 주임에 최선화, 조직부 주임에 연미당, 훈련부 주임에 정정화, 선전부 주임에 김윤택[金潤澤], 재무부 주임에 강영파[姜映波], 그리고 사교부[社交部] 주임에 기옥이 선임되었다. 또한 집행위원에 이순승, 간부에 최형록, 재건요인에 조용제가 선임되었다.

방순희는 1938년 8월 임시정부 의정원 최초의 여성위원과 임시정부의 외교업무를 맡았던 임시정부 선전부원이었다. 최선화는 1939년 한국국민당원, 1940년 (통합)한국독립당 창당 당원이 되어 임시정부를 적극 지지하였다. 연미당은 엄항섭[嚴恒燮](이명 嚴大衡, 1898~1962)의 아내로 상해한인여자청년동맹의 대표, 1938년 광시성 류저우에서 건립된 한국광복진선청년공작대[韓國光復陣線青年工作隊]의 대원 등 선전과 홍보 분야에서 활동하였다. 정정화는 1919년 상하이로 망명한 이후 1930년까지 6차에

1943년 충칭에서 재건된 한국애국부인회 회원들(『대한민국임시정부자료집』44, 330쪽)
왼쪽부터 최선화, 최애림(崔愛林), 김순애, 권기옥, 방순희

걸쳐 임시정부 밀사로 독립운동 자금모금의 밀령을 완수한 여성으로 가
흥嘉興 이후 임시정부 안살림을 맡았으며 한국국민당 당원, 1940년 한국
독립당의 창당요원, 한국혁명여성동맹원으로 활약하였다. 김윤택은 중
국어와 영어에 능통하여 한국광복군 총사령부 정령 대우 비서로 활동했
다. 최형록은 조소앙과 결혼하였고, 한국독립당과 임시정부 외무부에서
일했다.

한국애국부인회는 3·1운동 이후 국내는 물론 미주와 상해 등지에서
결성된 애국부인회의 애국활동을 계승하고 남녀평등의 여권 확장을 통
해 민족통일전선운동에 적극 동참하기 위해 상해대한애국부인회를 재건
한 것이었다. 「한국애국부인회 재건 선언문」은 다음과 같이 주장하였다.

1943년 2월 한국애국부인회 재건 선언문(독립기념관 소장)

① 일본이 미국을 비롯한 연합군을 상대로 일으킨 전쟁에서 패색이 짙어
가는 국제정세를 잘 활용하여 한국애국부인회를 재건하고 항일운동,
대한독립운동, 민족해방운동을 전개하자.

② 한국애국부인회는 3·1운동의 영향으로 조직된 상해대한애국부인회
의 '민족정기'와 '부녀혁명' 정신을 계승하고, 당파와 사상을 불문하고
충칭 한국여성들의 '일치단결'로 재건하자.

③ 한국애국부인회는 국내외 1천 5백만 한국여성의 총단결의 상징으로
국내의 각계각층 여성, 재미여성단체, 우방 각국 여성조직과 연대해 활
동하자.

대한독립을 위해 하늘을 날았던 한국 최초의 여류비행사 권기옥

한국애국부인회는 7개 항의 강령을 채택하였는데, "남녀 평등한 권리와 지위의 획득과 향유"를 세 번이나 명시적으로 반복하여 '여권' 개념을 강조하였다. 여성독립운동가들의 궁극적 목표는 항일과 민족해방을 통한 '민주주의 공화국' 건설이었다.

한국애국부인회는, 1943년 5월 5일 한국독립당·조선민족혁명당·조선민족해방동맹·무정부주의연맹·한국청년회와 함께 재중국 자유한인대회를 개최하여 한국의 완전독립을 주장하였다. 이 대회를 개최한 이유는 이즈음 영국과 미국의 지도자들이 워싱턴회담에서 전후戰後에 한국을 독립시키기 전에 국제감시보호하에 두기로 합의하였다는 신문기사가 보도되자, 이를 저지하려는 목적에서였다.

한국애국부인회가 중요시했던 것 중의 하나는 홍보활동이었다. 중국 중앙방송국을 통해 세계에 흩어져 살고 있는 한국여성들과 국내여성들을 대상으로 광파방송을 했다. 세계 각지의 한국여성들에게 충칭 한국애국부인회를 소개하고 향후 계획을 알리며 협조를 부탁하였다. 민족해방을 위해 각지 여성조직의 분발과 긴밀한 연락도 호소하였다. 또한 위문금품을 거두어 광복군을 위문하는 등 독립투쟁에 앞장섰으며, 아동한글강습반을 운영하여 한글·국사·한국노래를 가르치며 자녀들에게 민족의식을 심어주었다. 음력 1월 1일에는 떡을 만들고, 청년회와 함께 다과회와 여흥을 주최하여 망명생활에 지친 동포들에게 위로를 주고자 노력하였다. 1945년 봄에는 임시정부가 싱가포르 포로수용소에서 인계받은 일본군성노예피해 한국여성 10여 명을 인계받아 위로하였다.

임시정부 군무부 공군설계위원회 위원

한국애국부인회 재건 및 활동과 함께 이즈음 기옥이 심혈을 기울인 것은 비행대 편성 구상이었다. 1943년 3월 30일 임시정부는 「대한민국임시정부 잠행관제大韓民國臨時政府暫行官制」를 제정해 군무부의 역할과 기능을 규정할 때 처음으로 공군을 명시하였다. 즉 제1조에서 "군무부장은 육·해·공군 군정軍政에 관한 사무를 장리掌理하며 육·해·공 군원軍員은 군속을 통할하고 소관 각 관서를 감독"한다고 하였다. 그리고 군무부 군사과軍事科에 "육·해·공군 건제建制 및 개평시開平時 전시 편제와 계엄 연습 검열에 관한 사항"과 "각 군 비행대에 관한 사항"을 규정하여 공군 편제와 운영에 관한 업무를 밝혔다. 「대한민국임시정부 잠행관제」에 나타난 공군의 편제는 공군이 장차 독립전쟁 수행에 중요한 역할을 담당할 것이라는 인식에 따른 것이었다.

1943년 6월, 중국 공군에 있던 최용덕이 기옥을 찾아왔다. 얼마 후에는 김영재金英哉(이명 王英在, 1911~1965)·김진일·손기종孫基宗(1911~1991)·염온동·이사영李士英·이영무 등 한국인 비행사들이 한 자리에 모였고, 한국광복군 비행대 창설을 구상하였다. 7월 6일 임시정부 국무위원회는 최용덕을 참모처 처장으로 임명하였고, 그 날 최용덕은 국무위원회에 공군의 필요성을 역설하고 공군 건설을 공식으로 건의하였다. 국무위원회는 최용덕의 건의를 받아들여 군무부 직할로 '공군설계위원회'를 두고 장차 공군 건설을 계획 추진하기로 결의하였다.

8월 19일 군무부장 조성환을 통해 제출한 「공군설계위원회 조례」가 국무위원회에서 통과되었다. 군무부 산하 공군설계위원회는 공군 건설, 방공防空 건설, 일반 항공사업에 관한 것들의 연구계획을 목적으로 하였고 주임위원 1명, 부副주임위원 1명, 위원 약간명, 간사 약간명을 두었다. 주임위원은 군무부장이 겸임하고, 부주임위원과 위원은 군무부장의 천거로 국무위원회에서 임명하고, 간사는 주임위원이 임명하였다.

공군설계위원으로 기옥과 김진일·김철남·윤기섭·이상정·이영무·최용덕이 8월 19일자로, 권일중權一重(1903~?)이 9월 28일자로 임명되었다. 8명 중 권기옥·김진일·이영무·최용덕은 중국 공군에서 비행사로 활동하였다. 김철남과 이상정은 중국군에 적을 두고 있기에 중국군과의 원활한 협의, 권일중은 미국 캘리포니아 주립대학을 졸업하였기에 미군과의 연합작전을 위해서였다.

국무위원회는 처음에 구상한 '공군건설위원회'를 '공군설계위원회'로 명칭을 변경하였는데 「공군설계위원회 조례」를 보면 공군 건설을 위한 구체적인 방향이나 방침을 제시하기보다 공군 건설의 전단계인 설계를 담당할 조직과 인사에 중점을 두었다. 공군의 필요성은 절감하지만 당장 '건설'할 수 없는 현실적인 여건을 감안해 계획 단계인 '설계'가 낫다고 판단한 때문이었을 것이다. 공군 건설뿐 아니라 방공 건설과 일반 항공 사업까지 다루겠다고 한 것은 항공의 모든 분야를 연구·계획하겠다는 의미였다. 이는 공군 건설 계획 수립을 처음으로 본격화하였다는 점에서 공군 창설의 역사상 선구적인 업적으로 평가된다. 1944년 4월 1일자로 임시정부 군무부가 작성한 「군무부軍務部 공작계획대강工作計劃大綱」에도 "육·해·공군 건설에 관한 것을 연구계획"한다고 되어 있다.

공군설계위원회 위원 선임안
(『대한민국임시정부자료집』1,
원문 283쪽)

기옥과 공군설계위원회 위원들은 한국 비행대 편성과 작전 계획 수립에 전념하였다. 그리고 그들의 노력은 1945년 3월 군무부가 임시의정원에 제출한 12개 항의 「한국광복군 건군 및 작전 계획」 중 제9항에 "한국광복군 비행대의 편성과 작전"으로 결실을 맺었다. 즉 한국광복군은 중국과 태평양 지역에 비행대를 조직해 연합군과 공동 군사 작전을 수행할 것이며, 중국 내 비행대는 현 중국 공군에서 복무 중인 한국인 비행사를 이용하고 태평양 지구는 재미 한국인 비행사를 이용해 조직한다. 앞으로 필요한 항공 인원은 한국광복군에서 선발한 청년을 중국과 미국의 항공학교에 보내 양성하고, 항공 인원이 양성되면 중국과 미국으로부터 비행기를 빌려 한국광복군 비행대를 정식 조직해 연합군과 합동 군사작전을 수행한다. 단 한국광복군 비행대 실력이 독립적으로 작전을 수행하기 어려울 경우 연합군의 비행대에 소속되어 그 지휘를 받아 행동한다는 것이었다. 즉 중국과 미국의 도움을 받아 한국광복군 내에 별도의 비행대를 만들어 장차 공군을 창설하겠다는 구상이었다. 그런데 이 때 신설될 한국광복군의 비행대는 연락과 수송 임무에 주력하겠다고 함으로써 전투용 비행 대로까지는 발전시키지 못하였다.

1944년 말경부터 한국광복군은 자체에 비행대 조직 구상에서 한 걸음 더 나아가 미군과의 합작을 통한 공군 건설 계획을 수립하였다. 즉 한국광복군은 현 단계의 공군 건설 시도는 장차 건군建軍과 건국 속에 이루어질 공군 건설의 기초를 확립하기 위해서라고 하였다. 구체적인 실천 방안으로는 필리핀에 한국 공군훈련소를 설립하여 단기간에 공군 인원을 양성해 미국 공군과 합동 군사 작전을 전개하겠다고 하였다. 이는 그동안 연락과 수송 임무에 주력하기 위해 비행대를 조직하는 것에서 나아가 전투 작전에 투입할 공군을 확보하겠다는 의도였다.

임시정부가 중국 공군이 아니라 미국 공군과 협력하고 공동 작전을 수행하겠다는 것은 제2차 세계대전을 수행하면서 세계적으로 최상의 공군력을 갖고 각종 전투에서 많은 전과를 올리고 있던 미국 공군의 실력을 높이 평가한 때문이었다. 뿐만 아니라 미일전쟁 발발 이후 임시정부를 비롯한 한국인들에게 미국이 한국 독립을 위한 최대의 기대국으로 부상하였고, 미국 또한 적극적인 대한정책을 수립하면서 일본의 패망을 조속히 실현하기 위해 한국인의 군사 활용 문제에 관심을 보인 때문이었다.

당시 중국 공군에는 비행사로 권기옥·이영무·정재섭鄭再燮(1925년 11월 6일 일본 제일항공학교 수학 후 3등 비행사 면허증 취득)·최용덕·최철성崔 鐵城, 기계사로 김영재·김진일·손기종·염온동·이사영·장성철 등이 복무 중이었다.

해방 전야

임시정부는 1944년 9월 17일자로 중국국민당 중앙당부 비서처에 지원을 요청하였다. 중일전쟁 발발 이후 임시정부와 충칭 거주 한국인들의 생계가 매우 곤란하게 되었으니 도와달라는 것이었다. 그러면서 충칭 거주 한국인 명부를 첨부하였는데 196명의 명단에 권기옥도 포함되어 있었다. 그런데 이상정이라는 이름도 이연호라는 이름도 없다.

한편 기옥은 1945년 3월 10일 흥사단 원동지부가 주최한 안창호 7주기 기념식에서 데이비드 안David An, 리우 천둥Liu Chen-dong, 폴린 리Pauline Lee, 김정석Kim Cheng-suk과 함께 흥사단 노래를 하였다. 그녀가 흥사단에 입단한 것 같지는 않다. 이상정은 1945년 5월 13일 고시복·김덕형·김윤서·김정숙·김학동·신영삼·윤원장·이광제·이석화·이웅·이은영 등과 함께 흥사단의 예비단우로 입단하였다. 이들은 모두 신한민주당의 간부들이었다. 신한민주당 주석단의 김붕준과 선전부장 안원생安原生, 재무부장 유진동劉振洞 등이 흥사단우였다는 것과 무관하지 않았을 것이다. 이상정은 난징에 거주하던 1931년 1월 상하이에서 거행된 흥사단 제17회 원동대회에도 참여하여 기부금을 냈고, 흥사단 원동위원부에 서적과 잡지 등을 기부할 만큼 흥사단에 관심을 두고 있었다.

이상정은 일제의 항복이 알려진 1945년 8월 13일 신한민주당과 조선민족혁명당이 임시의정원에, 임시의정원의 권한을 장차 성립될 전국 통일의 임시의회에 봉환卦還할 것을 요구한 제안에 참여하였다. 이어 8월 23일에는 내각 총사직을 통한 '간수내각看守內閣'의 조직을 주장하는 제안에도 동참하였다. 임시정부 내에서 좌우세력이 전개한 권력 투쟁에 적극적이지 않았던 이상정이, 1930년대 이래 관심을 가져온 민족전선 통일운동의 관점에서 해방 이후의 정치적 지향을 권력 투쟁보다 대중을 우선하는 노선에 주목한 것으로 이해된다. 그는 중국이 삼민주의를 따라 민주주의에 계획 경제를 실시하고 사회주의 노선으로 갈 것 같다는 중국군 장성의 견해를 수긍하면서 대중의 자각과 비판 아래 대중을 대변하는 정당의 필요성을 강조하였다. 그런데 이러한 견해는 임시정부의 정치형태에 대한 완곡한 비판일 수 있었다.

해방과 귀국

너무나도 기다렸던 해방

1945년 8월 15일 정오 기옥은 일왕 히로히토[裕仁]의 항복 방송을 집에 있던 라디오에서 들었다. 길거리로 뛰쳐나오자 "중화민국 만세" 소리가 가득하였고, 미국인 고문들은 "빅토리"라고 소리지르며 전쟁이 끝났음을 반겼다. 일제의 패망, 조국의 독립을 오랜 동안 온 마음을 다해 기다려 왔던 그녀였는데 기쁨과 함께 허탈감 같은 것이 느껴졌다. 해방을 맞이하기 위한 준비가 없었기에 무엇을 어떻게 해야 할지 판단할 수 없었던 그녀는 이상정과 함께 임시정부 청사로 사용하던 충칭 칠성강七星崗 연화지蓮花池 38호의 2층 집을 자주 드나들었다. 그리고 내무부장 신익희와 "우리의 이상적인 정치제도가 무엇인가" 등을 토론하였고, 미국과 영국 등의 정치·경제에 관한 서적을 열심히 구해서 읽었다. 그러나 구체적인 계획은 아무 것도 없었다.

1945년 12월 8일자로 작성된 「임시정부 직원 권속 교민 명부」에 기옥은 "여, 45, 경북의원 이연호李然浩 가속家屬"으로 기록되어 있는데, 이상정이나 이연호라는 이름은 명부에 보이지 않는다. 1944년 9월 17일자로 작성하였던 충칭 거주 한국인 명부에도 이상정의 이름은 없었다.

얼마 후 이상정은 다급하게 도움을 요청하는 상하이 한국인들의 편지를 받고 서둘러 상하이로 떠났다. 일제의 패망 소식이 전해지자 중국인들이 한국인을 '일본의 앞잡이'로 몰아 가두고 재산을 빼앗는 일이 많았다. 중국인들이 한국인을 '일본의 정탐꾼'으로 고발하면, 그것이 사실이든 아니든 고발된 한국인은 이리저리 끌려다니느라 고통당하였다. 그리고 유죄가 인정되면 모든 재산을 몰수당하였는데, 고발한 사람에게 몰수한 재산의 40%를 보상금으로 주도록 규정되어 있었기에 보상금을 노린 고발이 성행했다. 이상정은 억울한 한국인들을 위해 동분서주하였고, 강연회 연사로 자주 초빙되었다.

기옥은 충칭에 남아 이상정이 그동안 수집한 골동품과 책 등을 정리하였는데 반 트럭 분량이나 되었다. 기옥은 1945년 12월 상하이에 도착하였고, 그녀 역시 어려움을 겪고 있는 한국인들을 돕기 시작하였다. 그녀가 도왔던 인물 중에는 손창식孫昌植(1906~1979)도 있었는데, 조상섭趙尙燮 목사의 딸 조동선趙東善 때문이었다. 기옥은 조상섭을 아버지처럼 존경했기에 조동선과 재혼한 손창식을 도왔던 것 같다. 손창식은 1943년 9월, 일본정부가 1944년부터 한국에서 징병제도를 실시한다고 결정하자, 한국에서의 징병제도 실시 결정에 감격하여 군용비행기 구입비로

1946년 권기옥과 이상정(권기옥 앨범)

일본 육·해군에 각각 20만원씩 총 40만원을 헌납했다. 1944년 2월에는 삼천포신사 조영비로 15만원을 기부했고, 1945년 6월에는 조선총독의 자문기구인 중추원 주임관 대우(연수당 1,200원) 참의에 임명되었다.

일제 패망 후 손창식은 1946년 6월 상하이에서 일제에 부역한 혐의로 지목되어 중국경비사령부에 체포되었다가 12월에 석방되었다. 그런데 손창식의 석방에 기옥이 상당한 역할을 하였다. 손창식을 조사하고 있던 감찰직원을 설득하고 그녀가 아는 많은 군인들의 도움을 받고, 손창식이 군사재판을 받던 날에는 통역을 자원하였다. 기옥은 1978년 『한국일보』에 자신의 삶을 연재할 때까지도 손창식의 친일반민족행위를 인식하지 못하였던 것 같다. 손창식이 일본인들에게 협력해서 돈을 벌지

1947년 10월 대구 계산동의 이상정 장례행렬(권기옥 앨범)

않았음이 증명되었고, 돈을 번 사람으로 비행기 헌납이 피할 수 없는 강요에 의한 것이라는 사실도 인정되어 손창식이 무죄 판결을 받았다고 그녀는 생각하였다.

예전에는 이상정이 '기옥의 남편'으로 불렸는데, 이제는 기옥이 '이씨 부인'으로 불렸다. 상하이에서 한국인들을 돕고 있던 이상정은 귀국할 날을 기다리고 있었는데 그 날이 앞당겨졌다. 1947년 7월에 어머니 사망 전보를 받고 9월에 귀국했기 때문이다. 그런데 이상정은 귀국 한 달여 만인 1947년 10월 27일에 사망하였다. 기옥은 그 소식을 한참 후에야 전달받았다. 그리고 이상정에게 처자식이 있었다는 사실을 알았다. 동생 기복基福이 "본마누라 집에서 뇌일혈로 쓰러졌다"는 편지를 보내왔던 것이다. 기복은 1923년 11월 미국에 도착한 이후 노동을 하면서 음악공부를 하였고, 독립운동에 참여하였다. 1935년 11월 형기가 만료되는 안창호를 위해 위로금 1원, 1938년 5월 뉴욕 국민회 지방회에서 혁명인재 양성을 위해 의연금을 수납할 때 10원, 1939년 뉴욕 한인들이 '항일동맹단'을 조직하고 중국전선에 참가한 한국군을 위해 후원금을 모집할 때 1원을 기부하였다. 그리고 1946년 9월 미 군정청 일을 보기 위해 군용선을 타고 귀국길에 올랐었다.

이상정은 1968년에 건국훈장, 1977년에 독립장을 추서받았다.

28년만의 귀국

해방된 조국에서 기옥의 이름이 거명되었다. 김구 주석의 비서 안미생安美生이 건국부녀동맹원 고명자高明子와 '건국도상 중대한 과제인 1천 500만 여성의 나갈 길'이라는 주제의 정담鼎談에서 권기옥을 언급하였다. 일찍이 윈난군관학교를 졸업하고 여자비행장교로 중국에서 크게 활동하였다는 것이었다. 일제강점기에 가끔 신문들에 소개된 내용이었지만, 건국을 위해 여성들도 역할을 해야 하고 할 수 있다는 것을 강조할 때 여류비행사 권기옥은 그만큼 중요한 인물이었다.

이상정이 귀국한 이후에도 엉거주춤한 상태로 상하이에 머물러 있던 기옥은 1948년 12월에 고국을 찾았다. 일제의 체포를 피해 중국으로 떠난지 28년만이었다. 12월 6일 상하이에서 입화환立花丸을 타고 인천으로 향하였는데, 승선자는 그녀를 포함하여 133명이었다. 그녀는 「귀국자 명단」에 71번째로 "권기옥, 여, 연령 49, 목적지 한성漢城'이라고 기록되어 있었다.

그녀의 부모님은 해방 전에 모두 돌아가셨고, 언니 가족과 동생들은 월남하여 서울에 살고 있었다. 서울에서 며칠을 지낸 후 기옥은 상하이로 돌아갔다. 그런데 당시 중국대륙은 마오쩌둥[毛澤東](1893~1976)이 이끄는 공산당 손에 거의 들어가 있었다. 그녀는 이상정이 모아 두었던 서화와 책들을 그대로 둔 채 서둘러 상

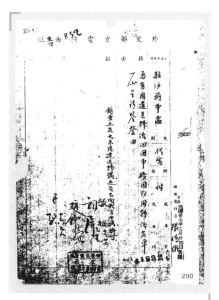

1948년 12월 6일 권기옥 등 133명이 입화환으로 귀국한다는 내용의 문서 표지(국사편찬위원회, 『광복 이후 재중한인의 귀환 관련 사료:화중·화남지역 편』)

하이를 떠나 타이완에 도착하였다. 타이완에서 두 달을 지낸 후 그녀는 1949년 5월 완전 귀국길에 올랐다. 배를 타고 홍콩을 경유하여 부산에 도착하였고, 부산에서는 기차를 타고 서울로 향하였다.

기옥은 신익희를 찾아갔다. 1945년 12월 1일에 귀국한 신익희는 남한 단독정부에 참여하여 제헌의회 국회의장직을 맡고 있었다. 신익희는 기옥에게 국회 국방위원회 전문위원을 제안하였다. 제헌국회 (1948.5.31.~1950.5.30.)의 상임위원회는 법제사법·외무국방·내무치안· 재정경제·산업·문교사회·교통체신·징계자격 등 8개였는데, 1948년 10월 2일 신설된 외무국방위원회는 1951년 3월 15일 국방위원회로 명

칭이 변경되었고, 소관사항도 국방부로 제한되었다(국회법 제16조 개정). 기옥은 유일한 여성전문위원이었는데, 그렇게 될 수 있었던 것은 그녀가 중국에서 오랜 동안 군대생활을 한 때문이었다고 그녀는 생각하였다. 제헌국회의 여성국회의원이 200명 중 1명이었고, 제2대 국회(1950. 5. 31~1954. 5. 30)의 여성국회의원이 210명 중 2명뿐이었던 당시였다. 그녀는 국방위원회 전문위원으로서 초창기 한국군의 예산·조직 등의 문제에 관여하였다.

당시 최용덕은 국방부차관, 이영무는 육군항공군 사령관이었는데 두 사람은 1946년 7월 5일 인천항으로 귀국하였다. 이영무는 1946년 7월 8일에 항공조선 건설에 매진하겠다는 내용의 기자회견을 하였고, 그해 11월 25일 한국항공건설협회의 명예회장으로 추대되었으며, 1948년에는 항공사령관이 되었다. 최용덕은 항공준비위원회 위원장을 거쳐 1948년 8월 10일에 국방부차관이 되었다.

한국전쟁과 고향 방문

한국전쟁이 발발한 1950년 6월 25일 일요일 기옥은 서울 삼청동의 국회의장 공관에서 신익희 부부와 마작을 하고 있었다. 북한군의 남침 소식을 듣고 서울에 남겠다고 하는 신익희에게 피난을 떠나도록 권유하였다. 그리고 자신은 명륜동 하숙에서 하룻밤을 보내고 다음날 삼청동에 들렀는데 모두가 피난을 떠난 후였다. 그 길로 중앙청에 들러 책상을 정리하고 서류 등을 마당에서 태운 후 명륜동 하숙으로 돌아와 며칠을 더

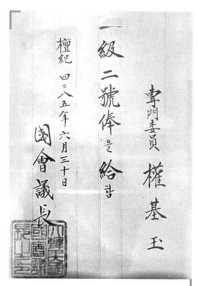

專門委員 權基玉

一級二號俸을給함

檀紀 四二八五年 六月三十日

國會議長

1952년 6월 30일 국방위원회 전문위원 권기옥

REPUBLIC OF KOREA AIR FORCE

국회 국방위원회 전문위원 시절의 권기옥(권기옥 앨범)

국방전문위원 시절 기옥과 헤스 대령 (권기옥 앨범)

묶었다. 그 동안에 그녀는 '반동분자'의 두 다리를 묶어 땅에 끌고다니는 공산당, 인민재판 광경 등을 목격하며 몸서리를 쳤다.

어느 날 '민련民聯대표 김규식' 명의로 "38선이 없어진 것을 환영한다"는 성명서가 실린 공산군 신문을 보는 순간 기옥은 피난을 결심하였다. 그녀는 김영성金榮成의 집을 찾아가 여비로 3만 원을 얻어 집으로 돌아와 검정색 고무신에 쪽진 머리의 시골 할머니 차림으로 변장하였다. 한강 다리를 피해 천호동 쪽으로 걸어가 조그만 배를 얻어 타고 한강을 건넜다. 서울을 출발한 지 18일 만에 대전에 도착하였다. 대전에서 부산까지는 열차를 탔다.

9·28수복이 되자 기옥은 서울로 돌아왔다. 그리고 평양이 수복되자

숭의여학교 은사인 박현숙 선생님과 함께 평양을 방문하였다. 장병 위문을 명분으로 공군고문 헤스 대령에게 비행기 주선을 부탁하여 평양 기림리箕林里 비행장에 내렸다. 장대현교회 옆에 있던 옛집을 찾으니 고향을 떠났던 30년 전과 겉모습은 같았다.

기옥은 1955년까지 국방위원회 전문위원으로 재직하였다. 그동안 국민방위군사건, 지리산 공비토벌작전 현장, 최전방의 격전지 등을 돌아다녔다. 1952년에는 국회 법제조사국 전문위원專門委員으로도 임명되었다.

『한국연감』 발행

1956년 5월 5일 신익희가 사망하였다. 정부 수립 이후 6년간 국회의장으로 활동했던 신익희는 1954년 3대 국회의원선거 직후 제3대 국회의장 직에서 해임되었다. 그리고 1955년 자유당을 견제하기 위해 통합야당으로 결성된 민주당의 최고대표위원으로 선출되었다. 이어 "못살겠다 갈아보자"라는 구호로 이승만을 대신할 민주당의 대통령후보로 부각되었다. 그런데 선거유세차 호남으로 가던 열차 안에서 돌연 사망하였다. 그의 사망 원인은 뇌출혈로 알려져 있지만 당시에도 현재에도 의혹이 제기되고 있는 실정이다. 자신이 대통령이 되면 비서진에서 일해 달라고 말했던 신익희의 무덤에 기옥은 그녀의 정치적 꿈도 함께 묻었다고 한다.

기옥은 1957년부터 『한국연감韓國年鑑』 발행인이 되어 1972년까지 16년 동안 그 일을 계속하였다. '연감'은 1년 동안에 일어났던 일이나

1958년 『한국연감』의 내표지

통계자료를 요약·정리하여 한데 묶어 1년에 한 번씩 발행하는 정기간행물이다. 경성일보사에서 발행하던 『조선연감』을 해방 후 조선통신사에서 같은 이름으로 발행하였고, 1954년판부터 영남일보사에서 『한국연감』으로 발행하였다.

기옥이 『한국연감』 발행을 맡게 된 것은 이전부터 간행된 『경북연감』과 인연을 맺은 때문이었다고 그녀는 술회하였다. 그녀가 맡았던 첫 해인 1957년 『한국연감』의 표지는 "4290

韓國年鑑(KOREA ANNUAL) 1957. 특집: 광복 11년 일지 / 단체, 기업체 요람. 한국연감편찬위원회"였다.

기옥은 1966년부터 1977년 4월까지 한중문화협회 부회장을 역임하였다. 한중문화협회는 1965년 12월 11일 창립되었고 회장은 최용덕(1965~1968), 조시원(1968~1971), 최덕신(1971~1976, 1936년 황푸군관학교 졸업, 1937년 광복군 총사령부 선전대장), 박영준朴英俊(1976~1984, 1935년 중국 중앙군관학교 졸업, 1943년 광복군 제3지대 제1구 대장)으로 바뀌었다. 기옥은 한중문화협회 임원 자격으로 1971년 10월에 타이완을 방문하여, 자유중국정부로부터 '중화민국 비행훈장'과 '공군 일급 상장'을 받았다.

1975년에는 그녀의 재산 일부를 처분하여 1천 만 원의 기금을 마련

3 · 1여성동지회 주최의 '제58회 3 · 1절 기념식'(1977년)에 참가한 권기옥(둘째 줄 왼쪽에서 네 번째).
(『3 · 1여성 45년사』, 2012, 38쪽)

하였다. 그리고 한 학생에게 한 학기당 10만 원씩 8명에게 장학금을 수
여하였다. 장학회로 등록하려면 3천 만 원이 필요하였기에 한국전쟁이
끝난 후 적산가옥으로 불하받아 그녀가 살고 있던 장충동의 2층 목조건
물도 훗날 장학기금에 포함시키고자 하였다. 어렵게 되찾은 조국의 앞
날을 이끌어갈 후손들을 위해서였다.

　1967년 4월 26일, 3 · 1운동에 직접 참여했던 여성독립운동가들을 중
심으로 '3 · 1 여성동지회'가 창립되었다. 창립회원으로 참여하지는 않았
지만 기옥은 3 · 1여성동지회가 주최하는 3 · 1운동기념식에 참가하는 등
3 · 1여성동지회와 깊은 공감대를 형성하였다.

하늘로 가다

조국의 독립을 위해 기꺼이 그녀의 삶을 투신했던 기옥에게 대한민국 정부는 1968년 3월 1일에는 대통령표창을 수여하였고, 1977년에는 건국훈장 국민장(1990년 독립장으로 조정)을 수여하였다.

한편 그녀는 1967년 8월호『신동아』에「나는 한국 최초의 여류비행사」라는 제목으로 그녀의 삶을 간략하게 정리하였다. 그리고 그로부터 약 10년이 지난 후인 1978년 1월 25일부터 2월 28일까지 12회 걸쳐『한국일보』에「나의 이력서」라는 제목으로 조금 더 자세하게 그녀의 생애를 정리하였다. 사실 관계에서 약간의 오류가 있고 착각한 부분이 있기는 하지만, 그녀가 자신의 삶을 회고하여 발표한 두 글은 그녀와 그녀가 함께 독립운동을 전개한 수많은 독립운동가들의 삶을 잘 보여준다.

오직 조국의 독립을 위해 헌신하였던 기옥은 1985년 봄 보훈병원에 입원하였고, 1988년 4월 19일 87세로 생을 마감하여 국립묘지 애국지사 묘역에 안장되었다. 2003년 국가보훈처는 그녀를 '8월의 독립운동가'로 선정하여 그녀의 독립운동사를 기억하고 추모하였다.

오늘날 우리는 권기옥을 '한국 최초의 여류비행사'라고 말한다. 어느 분야이든 최초라는 것을 상당한 의미를 갖는다. 개척자이기 때문이고, 많은 사람들에게 길을 제시하기 때문이다.

권기옥은 17세에 처음으로 비행기를 보았고, 비행사가 되기를 꿈꾸었다. 1903년 라이트Wright 형제가 인류 최초의 동력 비행을 성공한지 불과 14년 후였다. 그녀는 근대과학문명의 총결산인 비행기가 너무나도

신기했고, 그래서 그 비행기를 직접 몰고 싶었다. 그런데 그녀가 살았던 시대의 조국은 국권을 강탈당하였고, 그녀는 그 현실을 외면하지 않았다. 그래서 그녀는 비행사가 되겠다는 자신의 꿈을 근대적인 문화와 문명의 획득이라는 데에만 한정하지 않고, 독립운동으로 승화하였다. 아니 독립운동을 위해서 비행사가 되겠다고 결심하였다. 그리고 그 꿈을 실현하여, '최초의 한국 여류비행사'가 되었다.

만년의 권기옥 독립운동가(권기옥 앨범)

그런데 최초의 한국 여류비행사는 한국사에서 갖는 역사적인 의미가 있을 때 가치가 있다. 순종을 여성의 미덕으로, 양보와 희생을 여성의 아름다움으로 강요하던 봉건시대의 여성상을 그녀는 극복하였다. 큰 꿈을 가졌고, 그 꿈을 이루기 위해 주저하지 않고, 그 꿈을 실현하기 위해 앞으로 나아갔다. 가난한 환경에서도 실망하거나 포기하지 않고 공부를 시작하였고, 중국으로 망명하여서도 열심히 공부하였다. 비행사가 될 수 있는 방법과 길을 직접 찾아 나섰고, 비행학교 입학 후에는 열심히 공부하였다. 그리고 비행사 자격을 획득하였다. 그러한 그녀의 도전정신과 실천이 높이 평가되어야 한다. 꿈과 도전을 통하여 그녀는 비행사가 되었기 때문이다.

권기옥은 20세기 전반기, 우리나라가 국권을 강탈당하고 일제의 식민통치가 강요되고 있을 때 조국의 독립을 위해 하늘을 날았다. 따라서 그 시대 한국인들의 의무였던 반봉건과 반제국주의를 목표로 하였을 때 그녀를 부르는 이름 '최초의 한국 여류비행사'는 의미를 갖는다. 그녀는 여성에게 강요되던 질곡의 한계를 극복하는 반봉건을 실현하고, 일제의 식민통치를 분쇄하는 반제국주의를 실천하고자 비행하였다. 그녀는 여성들의 삶을 옥죄었던 편협한 인식을 극복하였기에, 그리고 거기에 머물지 않고 조국의 독립을 위해 비행하였기에 그녀의 생애는 참으로 의미가 있고 아름답다.

권기옥, 그녀는 근대과학문명의 결산인 비행기를 조종하는 비행사가 되어 조국의 독립운동에 그녀의 소중한 생애를 기꺼이 바친 독립운동가이다.

1901	1월 11일, 평남 중화군 동두면 설매리에서 출생
1904	평양성 안으로 이사
1911	은단공장에서 여공으로 근무
1912	봄, 숭현소학교 입학
1918	4월, 숭의여학교 3학년에 편입
	가을, 송죽회 가입
1919	2월 20일~28일, 평양 3·1운동 준비(태극기 제작)
	3월 1일, 평양 3·1운동 참여,
	3월, 평양의 3·1운동으로 체포되어 3주 구류
	10월 1일, 일제의 시정기념 반대 만세운동, 체포되어 3주 구류
	10월 30일~11월 4일, 평양의 만세운동 참여, 체포되어 6개월 징역
	3월, 수감되어 있는 동안 숭의여학교 졸업
1920	4월, 감옥에서 석방됨, 평양여자전도대 조직
	5월 1일~2일, 평양 안주교회에서 전도대회
	5월 22일, 진남포 감리교회에서 전도대회
	6월 11일~7월, 중순 경상도 지역 순회 전도대회
	8월 3일, 평남도청 경찰부 새 청사 폭탄 투척 협조
	12월, 임시정부공채 판매
	11월 말, 상하이 도착
1921	늦봄, 항저우 홍따오여학교 입학

1923	6월, 훙따오여학교 졸업
	6월 말~11월 말, 상하이 인성학교 교사
	12월, 윈난항공학교 입학
1925	2월 28일, 윈난항공학교 제1기로 졸업
1926	1월 7일, 상하이 도착
	2월 초, 광저우 도착
	4월 20일, 항공처 부비행사(펑위샹 군대)
	5월 6일, 서왈보 사망
	7월, 펑위샹 군대 해산, 쑤이위안성 바오터우 도착
	10월 6일, 이상정과 결혼
	11월, 베이징 도착
1927	1월 초순, 상하이 도착
	3월, 국민정부 동로항공사령부 비항원
	3월 말, 항저우에서 쑨촨팡의 비행기 접수
	6월 4일, 항공서 항공 제1대 상위관찰사
	3월 18일, 간첩혐의로 중국경찰에 체포됨.
1928	5월 초순, 40여 일의 감금에서 석방되어, 난징의 항공대로 복귀
1931	1월 28일~3월 3일, 상하이사변 때 정찰임무 수행, 무공훈장 수여
1932	겨울~1933년 초여름, 이상정은 중국군 통역으로 소련·독일·이탈리아 방문
1933	5월 17일, 항공서 교육과 편역원
	7월, 항저우 항공대, 중앙항공학교 비행교관
1935	연초 항공위원회 부위원장 쑹메이링이 선전비행 제안
	7월, 선전비행 취소되고, 난창 항공위원회로 이동
1936	여름, 스파이혐의로 이상정과 함께 체포됨

1937	3월 초순, 8개월만에 석방됨
	10월, 중일전쟁 발발 후 난징 허평문 밖 동린촌 40호로 피난 거주
	11월 24일, 조선민족혁명당원들과 난징에서 피난
	12월 중순, 쿤밍 도착
1938	가을, 충칭으로 이동, 육군참모학교 교관
1943	2월 23일, 한국애국부인회 재건대회 참여
	6월, 한국광복군 비행대 창설 구상
	8월 19일, 임시정부 군무부 산하 공군설계위원회 위원
1945	12월, 상하이 도착
1947	9월, 이상정 귀국
	10월 27일, 이상정 사망
1948	12월 6일, 인천으로 도착, 귀국
1949	5월, 중국으로 돌아갔다가 완전 귀국, 국방위원회 전문위원
1950	9월 28일, 수복 후 평양 방문
1956	국방위원회 전문위원 사임
1957~1972	『한국연감』발행인
1966~1977	4월 한중문화협회 부회장
1967	8월, 『신동아』에 「나는 한국 최초의 여류비행사」게재
1968	3월 1일, 대통령 표창 수여
1977	건국훈장 국민장(1990년 독립장) 수여
1978	1월 25일~2월 28일, 『한국일보』에 「나의 이력서」라는 제목으로 12회 게재
1988	4월 19일, 사망

자료

공훈전자사료관·국가기록원 독립운동관련 판결문·국사편찬위원회 한국사데이터베이스·독립
기념관 한국독립운동사정보시스템의 아래 자료들

• 「강규찬 판결문」(1919년 8월 21일, 경성지방법원)
• 「박현숙 판결문」(1919년 9월 29일, 고등법원 형사부)
• 「윤응념 판결문」(1923년 9월 25일, 경성지방법원)
• 「朝鮮問題에 관한 件」(1919년 10월 25일, 『조선소요사건관계서류(1) 0001』
• 「雲南政府에서의 不逞鮮人 교육의 件 1」機密公 제49호, 糟谷廉二雲南領事 →
  幣原喜重郞(외무대신), 1924년 8월 23일, 『不逞團關係雜件－朝鮮人의 部－
  在支那各地 3』)
• 「亡張德震의 死亡通知狀 發送先에 관한 件 1」高警 제3261호, 조선총독부 경
  무국장 → 외무성 아세아국장 등, 1924년 9월 20일, 『不逞團關係雜件－鮮人
  의 部－在上海地方 5』)
• 「支那側의 선인에 대한 군사교육에 관한 건」高警 제3642호, 조선총독부 경
  무국장 → 외무성 아세아국장 등, 1924년 10월 18일, 『不逞團關係雜件－朝鮮
  人의 部－在支那各地 3』)
• 「雲南政府에서의 不逞鮮人 교육에 관한 건 3」亞三機密合 제935호, 出淵(아세
  아국장) → 육군 군무국장·참모본부 제2부장·조선 경무국장·관동청 경무국
  장, 1924년 11월 28일, 『不逞團關係雜件－朝鮮人의 部－在支那各地 3)』
• 「雲南政府에서의 不逞鮮人 교육에 관한 件 1」亞二機密 제53호, 木村亞細亞局

長 → 三矢朝鮮總督府 警務局長, 1925년 8월 15일, 『不逞團關係雜件 - 朝鮮
人의 部 - 在支那各地 4』)

• 「雲南政府에서의 조선인 교육에 관한 件」機密公 제5호, 糟谷廉二(운남영사)
→ 幣原喜重郎(외무대신), 1926년 1월 5일, 『不逞團關係雜件 - 朝鮮人의 部 -
在支那各地 4』)

• 「비행학교 卒業 鮮人 來滬의 件」機密 제33호, 田島昶(상해총영사대리) → 幣
原喜重郎(외무대신), 1926년 1월 12일, 『不逞團關係雜件 - 朝鮮人의 部 - 在
支那各地 4』)

• 「資料 義烈團經營의 南京軍官學校의 全貌」, 『사상휘보』제4호, 1935. 9. 1.

• 「임시정부 지원요청 공문 및 중경 한인명부」, 1944년 9월 17일

• 「한국흥사단遠東委員部 保健委員會가 미주 이사부에 보낸 공문」, 1945년 4월
1일.

• 「임시정부 직원 권속 교민 명부」, 1945년 12월 8일

신문·잡지

• 권기옥, 「나는 한국 최초의 여류비행사」, 『신동아』 1967년 8월.

• 권기옥, 「나의 이력서」, 『한국일보』 1978. 1. 25~2. 28.

• 『독립신문』 1919. 10. 31, 「평양의 시위운동」

• 『독립신문』 1919. 11. 15, 「시위운동 後報」

• 『동아일보』 1920. 5. 9, 「평양청년회 여전도대 安州 파견 강연 등 대활동」

• 『동아일보』 1920. 6. 13, 「11일 夜 南門역을 통과한 기독여자전도대」

• 『동아일보』 1920. 7. 10, 「계남교와 여전도대」

• 『매일신보』 1921. 5. 10, 「폭탄범 安敬信, 평남도 제삼부에 던졌던 폭탄범 연
루자들을 체포」

• 『동아일보』 1921. 10. 1, 「여자 폭탄범 안경신의 공소공판」

- 『개벽』33호, 1923. 3. 1, 「북경에도 飛行家」
- 『독립신문』 1923. 7. 21, 「我留學生界 상황」 (『신한민보』 1923. 8. 30, 「우리 유학생의 상황」)
- 『개벽』45호, 1924. 3. 1, 「자유通情」
- 『동아일보』 1925. 1. 1, 「조선비행가 서왈보 교수 경력과 포부」
- 『동아일보』 1926. 6. 3, 「서씨 추도발기 원산지우들이」
- 『동아일보』 1926. 5. 21, 「중국蒼空에 조선의 鵬翼, 중국하늘을 정복하는 조선용사 그중에서 꽃같은 여류용사도 있서」
- 『매일신보』 1926. 5. 21, 「支那動亂에 활약하는 조선인 비행가의 소식, 동부인 비행을 하는 이영무군, 안창남군은 아직도 잘 있다고, 垂涎의 的! 權基玉孃」
- 『시대일보』 1926. 5. 21, 「중국동란을 중심으로 출몰 自任의 조선 비행가, 대부분이 국민군에서 활약하다가 잠시 실세, 꽃같은 여류비행가도 전선에 참가하여 분투」
- 『신한민보』 1926. 6. 24, 「중국에 한인비행가」
- 『중외일보』 1927. 8. 28, 「조선인 비행가 諸氏 중국혁명전선에서 활약」
- 『동아일보』 1928. 5. 25, 「戰塵의 중국上空에 翔翔하든 조선女鳥人 호송」
- 『매일신보』 1928. 5. 25, 「중국의 동란 속에서 활약튼 女鳥人 컴먼이스트로 被捉 그 외 네 명과 불일간 평양에」
- 『중외일보』 1928. 5. 25, 「풍군 진중에서 활동하던 여비행사 권기옥, 남경서 주의선전을 하다 잡혀서 원적지 평양으로 호송되어 오다, 평양 숭현여학교 출신」
- 『동아일보』 1928. 6. 1, 「女鳥人 권기옥양과 의열단원 호송」
- 『동아일보』 1928. 6. 28, 「孫斗煥 權基玉 兩氏의 압송은 虛說」
- 『중외일보』 1928. 7. 3, 「권기옥양, 무사 백방, 중국인의 주선으로」
- 『신한민보』 1928. 7. 5, 「도인권 양과 의열단 평양에 호송」
- 『신한민보』 1928. 8. 16, 「권기옥 양이 백방되어 남경 중국인의 활동으로」

- 『중외일보』 1928. 7. 3, 「권기옥 양 무사 백방, 중국인의 주선으로 권양이 전하는 소식」
- 『중외일보』 1928. 8. 28, 「조선인 비행가 諸氏 중국혁명전선에서 활약, 안창남, 권기옥, 최용태, 권태용 제씨 그외 조선인 군인들도 모두 상당히 활동, 무한서 귀국한 비행가 김치간씨 담」
- 『동아일보』 1928. 11. 23, 남경에서 주요한, 「신중국 방문기(7) : 요인 전부 離京, 상해 湯山에 일요 휴양」
- 『동아일보』 1931. 5. 5, 「중국항공대의 총아 평배 출생 金殷濟氏」
- 『삼천리』 4권 7호, 1932. 7. 1, 국민정부航空中佐 金鍊器氏, 「중국혁명전선에 활약하는 조선인 천재 비행가」
- 『삼천리』 4권 12호, 1932. 12. 1, 남경 金鍊器, 「중국비행학교 지원하는 고국청년에게」
- 『동광』 40호, 1933. 1. 23, 在南京 金鍊器, 「중국항공계의 현세」
- 『동아일보』 1933. 10. 24, 「공군一元主義下에 大國防計劃 진항 : 남경특전」
- 『신한민보』 1943. 6. 3, 「한국애국부인회 재건선언」
- 『자유신문』 1946. 1. 1, 「[鼎談] 건국도상 중대한 과제인 1천 500만 여성의 나갈 길」
- 『동아일보』 1979. 2. 26, 「인터뷰 '3·1만세' 참가했던 권기옥 씨」
- 『동아일보』 1980. 3. 1, 「80노령에도 애국심은 20대, 3·1여성 동지회」
- 『세계일보』 2003. 8. 1, 「여류비행사 권기옥 선생, 이 달의 독립운동가 선정」

단행본

- 국사편찬위원회, 『대한민국임시정부자료집』 1(헌법·공보), 국사편찬위원회, 2005.
- 국사편찬위원회, 『대한민국임시정부자료집』 2(임시의정원 I), 2005.

- 국사편찬위원회, 『대한민국임시정부자료집』 3(임시의정원 II), 2005.
- 국사편찬위원회, 『대한민국임시정부자료집』 27(내무부, 교통부, 재무부, 문화부), 2008.
- 국사편찬위원회, 『대한민국임시정부자료집』 37(조선민족혁명당 및 기타 정당), 2009.
- 국사편찬위원회, 『한국독립운동사 자료』 3(임정편 3), 1973.
- 국사편찬위원회, 『한국독립운동사 자료』 20(임정편 5), 1991.
- 국사편찬위원회, 『한민족독립운동사자료집』 46(중국지역독립운동 재판기록 4), 2001.
- 국사편찬위원회, 『해외사료총서』 5(한국관계사료목록, 1875 - 1945: 일본 외무성 외교사료관 소장), 2003.
- 국사편찬위원회, 『해외사료총서』 25(광복 이후 재중 한인의 귀환 관련 사료 I. 화중·화남지역 편), 2012.
- 국회도서관, 『한국민족운동사료』 2(중국편), 1976.
- 김광재, 『한국독립운동의 역사』 52(한국광복군, 독립기념관 한국독립운동사연구소), 2007.
- 김광재, 『어느 상인독립군 이야기 - 상해 한상 김시문의 생활사』, 도서출판 선인, 2012.
- 김석영, 『신익희선생 일대기』, 早稻田대학 동창회 출판부, 1945.
- 김영범, 『한국근대민족운동과 의열단』, 창작과비평사, 1997.
- 金正明 編, 『朝鮮獨立運動』 第1卷 分冊民族主義運動篇, 東京: 原書房, 1967.
- 김홍일, 『大陸의 憤怒 - 老兵의 回想記』, 文潮社, 1972.
- 도산안창호선생전집편찬위원회, 『島山安昌浩全集』 4(일기), 도산안창호선생전집편찬위원회, 2000.
- 독립운동사편찬위원회, 『독립운동사』 2(3·1운동사 상), 독립유공자사업기금

  운용위원회, 1979.

- 독립운동사편찬위원회, 『독립운동사』 4(임시정부사), 1973.

- 독립운동사편찬위원회, 『독립운동사』 5(독립군전투사 상), 1974.

- 독립운동사편찬위원회, 『독립운동사』 6(독립군전투사 하), 1975.

- 독립운동사편찬위원회, 『독립운동사』 7(의열투쟁사), 1976.

- 독립운동사편찬위원회, 『독립운동사』 8(문화투쟁사), 1977.

- 독립운동사편찬위원회, 『독립운동사자료집』 6(3 · 1운동사자료집), 독립유공
  자사업기금운용위원회, 1972.

- 독립운동사편찬위원회, 『독립운동사자료집』 7(임시정부사자료집), 1973.

- 독립운동사편찬위원회, 『독립운동사자료집』 8(임시정부사자료집), 1974.

- 독립운동사편찬위원회, 『독립운동사자료집』 9(임시정부사자료집), 1975.

- 독립운동사편찬위원회, 『독립운동사자료집』 14(대중투쟁사자료집), 1978.

- 박은식 저, 김도형 옮김, 『한국독립운동지혈사』, 소명출판, 2008.

- 박화성, 『새벽에 외치다』, 휘문출판사, 1966.

- 반병율, 『임시정부의 초대 국무총리 성재 이동휘 일대기』, 범우사, 1998.

- 3 · 1여성동지회, 『한국여성독립운동사: 3 · 1 운동 60주년기념』, 3 · 1여성동지
  회, 1980.

- 3 · 1여성동지회, 『3 · 1여성동지회 22년사』, 3 · 1여성동지회, 1990.

- 3 · 1여성동지회, 『3 · 1여성동지회 45년사』, 3 · 1여성동지회, 2012.

- 숭의80년사편찬위원회, 『숭의80년사』, 학교법인숭의학원, 1983.

- 숭의90년사편찬위원회, 『숭의90년사』, 학교법인숭의학원, 1993.

- 숭의100년사편찬위원회, 『숭의100년사 : 1903 – 2003』, 학교법인숭의학원,
  2003.

- 양우조 · 최선화 공저, 김현주 정리, 『제시의 일기 – 어느 독립운동가 부부의
  8년간의 일기』, 혜윰, 1998.

- 이상정, 『이상정 장군 유고 – 중국유기』, 대구:청구출판사, 1950.
- 在上海日本總領事館 警察部 第2課, 『朝鮮民族運動年鑑』, 1932.
- 정혜주 지음, 『날개옷을 찾아서 : 한국 최초 여성비행사 권기옥』, 하늘자연, 2015.
- 朝鮮總督府 警務局, 『國外二於ケル容疑朝鮮人名簿』, 1934.
- 주요한 편, 『安島山全書』新訂版, 샘터사, 1979.
- 최기영, 『중국관내 한국독립운동가의 삶과 투쟁』, 일조각, 2015.
- 추헌수, 『자료 한국독립운동』 2, 연세대학교출판부, 1972.
- 한상도, 『한국독립운동과 중국군관학교』, 문학과 지성사, 1994.
- 한상도, 『중국혁명 속의 한국독립운동』, 집문당, 2006.
- 한우성 · 장태환 지음『1920, 대한민국 하늘을 열다』, 21세기북스, 2013.
- 흥사단100년사위원회, 『흥사단100년사』, 사단법인 흥사단, 2013.
- C.W.켄달 지음, 신복룡 역주, 『한국독립운동의 진상(1919)』, 집문당, 1999.

논문

- 강영심, 「김순애(1889 – 1976)의 생애와 독립운동」, 『한국근현대사연구』 63, 한국근현대사학회, 2012.
- 關中人, 「中國航校 第一位 女飛行畢生 權基玉」, 『航空史研究』 1995 – 3, 西安 : 西北工業大學, 1995.
- 김광재, 「김성숙의 1930년대 중국관내지역의 독립운동」, 『한국근현대사연구』 44, 2008.
- 김광재, 「상인독립군 김시문의 상해 생활사」, 『한국민족운동사연구』 64, 한국민족운동사학회, 2010.
- 김광재, 「일제시기 상해 인성학교의 설립과 운영」, 『동국사학』 50, 동국사학회, 2011.

- 김문희, 「신규식의 교육구국운동」, 상명대 교육대학원 역사교육과 석사논문, 1998.
- 김민호, 「이범석의 생애와 독립운동」, 『한국독립운동사연구』 44, 독립기념관 한국독립운동사연구소, 2013.
- 김민희, 「일제강점기 숭의여학교의 근대교육과 항일운동에 관한 연구」, 서울 시립대학교 교육대학원 석사학위논문, 2013.
- 김성은, 「대한민국임시정부와 여성들의 독립운동」, 『역사와경계』 68, 부산경 남사학회, 2008.
- 김성은, 「최선화의 중국망명생활과 독립운동 : "제시의 일기"를 중심으로」, 『숭실사학』 31, 숭실사학회, 2013.
- 김영미, 「대한민국 수립 이후 신익희의 활동과 노선」, 『한국학논총』 40, 국민 대학교 한국학연구소, 2013.
- 김영범, 「1930년대 의열단의 항일청년투사 양성에 관한 연구 – 의열단 간부학 교를 중심으로 – 」, 『한국독립운동사연구』 3, 1989.
- 김용달, 「해공 신익희와 대한민국」, 『한국학논총』 34, 국민대학교 한국학연구 소, 2010.
- 김용달, 「한국독립운동사에서 의열단과 의열투쟁의 의의」, 『한국독립운동사 연구』 49, 2014.
- 김정현, 「제1 · 2차 국공합작기의 한 · 중연대활동 – 황포군관학교 인맥을 중심 으로」, 『역사학연구』 46, 호남사학회, 2012.
- 박만규, 「도산 안창호와 춘원 이광수의 관계」, 『역사학연구』 57, 2015.
- 박용옥, 「중국 공군으로 활약한 비행사 권기옥(1901 – 1988)」, 『한국역사 속 의 여성인물 하 : 항일독립운동가』, 한국여성개발원, 1998.
- 박인순, 「일정기 조선총독부 보건복지행정의 내용분석 : 전염병퇴치활동을 중 심으로」, 『복지행정논총』 13, 한국복지행정학회, 2003.

- 박종연, 「춘교 유동열의 독립운동과 군사활동」, 『한국민족운동사연구』 52, 2007.
- 배숙희, 「中國雲南陸軍講武堂與韓籍學員 - 以『同學錄』的分析爲中心」, 『중국 사연구』 56, 중국사학회, 2008.
- 서복경, 「국회 위원회제도의 기원에 관한 연구 : 제헌국회 및 2대국회를 중심 으로」, 『의정논총』 5 - 1, 한국의정연구회, 2010.
- 윤대원, 「대한민국임시정부 전반기(1919 - 1932)의 재정제도와 운영」, 『대한 민국임시정부수립80주년기념논문집(상)』, 국가보훈처, 1999.
- 윤선자, 「독립운동과 태극기」, 『역사학연구』 35, 2009.
- 윤선자, 「1920년대 한국인들의 중국 여행기 분석」, 『한중인문학연구』 41, 한 중인문학회, 2013
- 윤선자, 「한국독립운동과 권기옥의 비상」, 『한국근현대사연구』 69, 2014.
- 윤은자, 「南京國民政府 시기 남경의 '不逞鮮人'과 한교단체(1927 - 1937)」, 『중국근현대사연구』 59, 중국근현대사학회, 2013.
- 윤정란, 「황애덕과 대한민국애국부인회」, 『숭실사학』 22, 2009.
- 衣强蓮, 「1920 - 40년대 한인 비행사의 양상과 재중 활동」, 남경대학교 한국 어문학과 석사논문, 2015.
- 이명화, 「연미당의 생애와 독립운동」, 『역사와 담론』 73, 호서사학회, 2015.
- 이영신, 「한국 최초의 전투비행사 서왈보 소전」, 『월간 신동아』 544, 2005.
- 이호룡, 「이회영의 아나키스트 활동」, 『한국독립운동사연구』 33, 2009.
- 丁艺, 「民国時期 杭州地区 私立中学 研究」, 杭州师范大学 석사논문, 2005. 9.
- 정우택, 「조선혁명군사정치간부학교와 이육사, 그리고 〈꽃〉」, 『한중인문학연 구』 46, 2015.
- 정제우, 「대한민국임시정부의 비행사 양성과 공군 창설 계획」, 『대한민국임시 정부 수립 80주년 기념 논문집』(하), 국가보훈처, 1999

- 조규태, 「1920년대 북경지역 한인유학생의 민족운동」, 『한국독립운동사연구』 30, 2008.
- 조영록, 「일제강점기 항주 고려사의 재발견과 중건주비회」, 『한국근현대사연구』 53, 2010.
- 朱伟, 「民国时期云南空军的发展研究」, 『漯河职业技术学院学报』 13 - 1, 2014. 1
- 채영국, 「대한민국임시정부 교통국의 설치와 활동」, 『대한민국임시정부수립 80주년기념논문집(상)』, 국가보훈처, 1999.
- 최기영, 「李相定(1897~1947)의 在中獨立運動」, 『역사학보』 200, 역사학회, 2008.
- 최기영, 「1910 - 1920년대 항주의 한인유학생」, 『서강인문논총』 31, 서강대학교 인문과학연구소, 2014.
- 崔鳳春, 「民國時期 中國空軍航校韓籍飛行員 考述」, 『朝鮮 · 韓國歷史研究』 14, 中国朝鮮史研究会, 2013.
- 최봉춘, 「중국대륙 한인비행사들의 항일항공독립운동」 발표집 『초기 항공선각자들의 항공사상과 한인비행사들의 항일항공독립활동 고찰』, 대한민국 공군 · 공군역사재단, 백범김구기념관, 2015. 11. 19.
- 최은지, 「일제강점기 안창남의 항공독립운동」, 『한국독립운동사연구』 55, 2016.
- 최이조, 「재향군인회의 위상과 역할」, 『통일전략』 4 - 2, 한국통일전략학회, 2004.
- 한상도, 「김원봉의 조선혁명군사정치간부학교 운영(1932 - 35)과 그 입교생」, 『한국학보』 15 - 4, 일지사, 1989.
- 한상도, 「손두환의 항일민족주의 탐색과 민족운동관」, 『한국민족운동사연구』 36, 2003.

- 홍선표, 「미주한인사회와 군사운동 - 노백린과 윌로스 한인비행가양성소」, 『미주한인사회와 독립운동』, 미주한인이민백주년 남가주기념사업회, 2003.
- 홍선표, 「대한민국 임시정부의 공군 건설 계획과 추진」, 『군사』 97, 국방부 군사편찬연구소, 2015.
- 홍윤정, 「노백린의 미국에서의 독립운동(1916 - 1921) :하와이 국민군단, 윌로우스의 호국독립군단·비행기학교를 중심으로」, 『백산학보』 70, 백산학회, 2004.
- 홍윤정, 「독립운동과 비행사 양성」, 『국사관논총』 107, 국사편찬위원회, 2005.
- 황묘희, 「대한민국임시정부의 재정정책과 운영」, 『문명연지』 3 - 3, 한국문명학회, 3002.
- 황민호, 「"매일신보"에 나타난 평양지역의 3·1운동과 기독교계의 동향」, 『숭실사학』 31, 2013.

ㄱ

강규찬姜奎燦 22
강영파姜映波 124
건국부녀동맹원 138
경성사립보성普成중학 67
경성의전京城醫專 81
경신儆新학교 86
계남啓南학교 32
계명선桂明善 28
계성啓聖학교 86, 106
계수정桂遂晶 23
고려사高麗寺 48~49
고명자高明子 138
고시복 132
공군건설위원회 129
공군설계위원회 128~130
「공군설계위원회 조례」 128~129
곽권응郭權膺 22
광둥 제2군관학교 76
광둥항공학교 54~55, 75~76, 94
광성고보光成高普 86, 106
광시항공학교 118
교민단 50
구순선具順善 20

구이저우강무당 90
구펑전[顧品珍] 58
국립바오딩항공학교 55
국립베이징항공학교 54
국민군 제1비행대 78~79
국민군 제1항공대 77
국민정부 동로항공사령부 비항원 90
국민정부 동로항공사령부 88
국민정부 항공서 편역원 103
국방위원회 전문위원 139, 140, 141, 143
군사비기학교 76
권기복權基福 9, 12, 26, 52, 138, 137
권기화權基和 9, 12
권돈각權敦珏 8~9
권일중權一重 129
금릉대학金陵大學 45
권기영權基英 9
기전紀全여학교 18
권기홍 12~13
길선주吉善宙 11, 19
길진주吉鎭周 30
김 마리아 18
김건후 52
김경숙金京淑 31
김경희金慶喜 14~17

김공집金公緝 94

김구金九(이명 金龜·金昌洙) 40~41, 66,
122, 138

김군백金君白 65~68

김규식金奎植(이명 金仲文·余一民·王介石) 45,
142

김덕형 132

김두봉金枓奉 50

김명덕金明德 19

김문공사金文公司 88

김문세金文世 48

김병인 123

김붕준金朋濬(이명 金起元) 41, 122~123,
132

김상덕金尚德 122

김상형金相瀅 66

김선두金善斗 22

김성복金聖福 28

김수현 123

김순보金順寶 23, 31

김순복金順福 19, 30~32

김순애金順愛 45~46, 123~124

김순일金淳一 27, 36, 40

김승학金承學(이명 金鐸) 50

김시문金時文 88

김애희金愛喜 16

김여제金輿濟 39

김연기金鍊器 102

김영복金永福 23

김영성金榮成 142

김영신 31

김영애金永愛 50

김영재金英哉(이명 王英在) 128, 131

김영주金永洲 116

김예진金禮鎭 32

김옥석金玉石 17, 19, 28

김원봉金元鳳(이명 雲峯·陳國斌) 75, 116,
117, 120, 122

김유선金柔善 13~14

김유순金柔順 31

김윤서金允絞 117, 132

김윤택金潤澤 124~125

김재덕金在德(이명 金球·金龜) 26~27, 32

김정목金鼎穆 26~27, 36

김정석 132

김정숙金貞淑 52, 123, 132

김종림金種林 41, 42

김종상金鍾商 50

김지일金志一(이명 車廷信·車志一) 76, 94

김진일金震一 55, 76, 94, 128~129, 131

김철金澈(이명 金永澤·金重淸) 40

김철남金鐵南(이명 金炳斗) 55, 75, 117, 122,
129

김치간金致玕 93

김학동 132

김학해金學海 66

김항주 39

김홍서金弘叙 116~117

김홍일金弘壹 90~91, 116

김효숙金孝淑 123

ㄴ

난유안[南苑]항공학교 54~55, 59, 77, 102

난유안비행장 77
난징한족연합회 106
난창 공군도서관 109
난창항공협진회南昌航空協進會 111
남산현南山峴교회 19, 21~22
남성정南城町교회 31
남의사藍衣社 113
남형우南亨祐 41
노백린盧伯麟 38, 41~42, 52~54, 58
노병회老兵會 66

ㄷ

다나카[田中] 29
대한독립단大韓獨立團 60
「대한민국 임시관제」 52
「대한민국임시정부 시정방침」 52
「대한민국임시정부 잠행관제大韓民國臨時政府暫
　行官制」 128
대한애국부인회 35, 45, 124
대한애국부인회 연합회 36
대한적십자회 44
데이비드 안David An 132
도인권都寅權 50
독립신문사 48
동로군 항공사령부 89, 91~92
동북東北항공학교 55

ㄹ

루종린[鹿鍾麟] 77
류페이첸[劉沛泉] 59, 62, 89~91

리더취안[李德全] 83
리우 천둥Liu Chen-dong 132

ㅁ

마세로Maceiro 44
마잔산[馬占山] 102, 103
『망원경望遠鏡』 117
메이지[明治]대학 75
명덕明德여자중학 45
모스크바비행학교 94
무정부주의연맹 127
문일민文一民(이명 文熙錫) 32~33, 117
문확실文確實 30, 32
민노대 123
민영구閔泳玖 123
민족혁명당 122
민필호閔弼鎬 123

ㅂ

바오딩[保定]항공학교 54~55, 90
바오딩중앙항공교련소 55
바이충시[白崇禧] 89
박경애朴敬愛 17
박석훈朴錫薰 22
박선제 39
박영심朴英心 23
박영준朴英俊 144
박영효朴永孝 21
박정인朴貞仁 19~20
박차정朴次貞(이명 朴哲愛) 116

박찬익^{朴贊翊}(이명 朴南坡·濮純·濮精一) 58

박충애^{朴忠愛} 20

박태열^{朴泰烈}(이명 朴棕植·朴雲瑞) 32, 34

박태하(본명 朴斗鉉) 94

박현숙^{朴賢淑} 17~22, 35, 143

박현환^{朴玄寰} 39

방성도^{方聲濤} 55, 57, 75

방순희^{方順熙} 123, 124

105인 사건 80

배인수^{裵仁守} 19, 30

백기준^{白基俊} 50

백영엽^{白永燁} 45

백정기^{白貞基} 74

베이핑^[北平]대학 101

브라스밴드 전도대 30

비행기학교 42, 54

비행사양성소 52

ㅅ

삼민주의역행사^{三民主義力行社} 113

3·1 여성동지회 145

삼일당^{三一堂} 50, 89

상하이사변^[上海事變] 101~102

상하이전투 109

상해한인여자청년동맹 124

서국일 77

서문여고^{西門女高} 28

서상학^{徐相學} 66

서^徐매물 17

서왈보^{徐曰甫}(이명 徐國一) 76~77, 80,
    82~83, 90, 93

서현자^{徐賢子} 28

선우리^{鮮于里} 28

선우혁^{鮮于赫}(이명 鮮于爀) 40

설명화^{薛明花} 19~20

성주식^{成周寔} 117

손기종^{孫基宗} 128, 131

손두환^{孫斗煥}(이명 孫建) 75, 94, 96~99,
    117, 122

손성실^{孫聖實} 38

손정도^{孫貞道} 38~41, 45

손진실^{孫眞實} 38

손창식^{孫昌植} 135~136

송도신^{宋道信} 30, 32

송병조^{宋秉祚} 40

송복신^{宋福信} 17

송정헌 123

송죽회^{松竹會} 17~18, 24

숭덕^{崇德}학교 12, 21~22

숭실^{崇實}학교 22, 26, 29~30

숭실학교 기숙사 36

숭의^{崇義}여학교 14~18, 23~24, 26,
    28~29, 31, 96, 98

숭의여학교 기숙사 20

숭현소학교 13~16, 33, 36, 42

숭현여학교 19, 37, 67, 96~99

신건식^{申健植} 45

신규식^{申圭植}(이명 申檉·申奎植) 41, 45,
    48, 58

신숙^{申肅}(이명 申泰鍊) 41

신순호^{申順浩} 123

신영삼^{申榮三}(이명 申用才·申肅) 81, 83~84,
    122, 132

신옥信玉 37

신익희申翼熙(이명 王邦平) 39, 117, 134, 139~140, 143

신한민주당 122, 132

신흥식申洪植 19

쑨원[孫文] 58, 73, 87

쑨촨팡[孫傳芳] 88, 90~91

쑹메이링[宋美齡] 107

ㅇ

아트 스미스Art Smith 42, 52, 60

안경신安敬信 28, 32, 34

안맥결安麥結 28

안미생安美生 138

안옥주晏玉珠 71

안원생安原生 132

안정근安定根 55

안정석安貞錫 35

안주安州교회 30

안중근安重根 15

안창남安昌男 51, 78~79

안창호安昌浩(이명 安彰昊) 32, 39~41, 53~54, 64~65, 132, 138

안혜경顏惠慶 102

애국부인단 18

앨런 피터슨[裵德生] 49

양복학 52

엄항섭嚴恒燮(이명 嚴大衡) 48~49, 124

여운형呂運亨 58, 76

여자전도대 36

연미당延薇堂(이명 延忠孝) 123, 124

염온동廉溫東 89, 128, 131

오건해 123

오광심吳光心 123

오구리[小栗]비행학교 51

오능조吳能祚 28

오림하吳臨夏(이명 吳臨河) 42

오산五山학교 86, 106

오영선 123

오희옥吳姬玉 123

옥인애玉仁愛 50

왕웅王雄 90

요등구廖登龜 76

용산연병장龍山練兵場 42

용진단勇進團 86

우덕선禹德善 32

우병옥禹炳玉 42

우톄청[吳鐵城] 107

우페이푸[吳佩孚] 77, 88

위안 스카이[袁世凱] 58~59

윈난 항공처航空處 59

윈난강무학교 56, 58, 66~67

윈난군관학교 138

윈난비행학교 98, 106

윈난육군강무당雲南陸軍講武堂=雲南武校 56

윈난육군강무학교 56, 59, 61

윈난항공학교 54~55, 58~61, 65~67, 69, 71~75, 80, 89, 109~110, 115

유군劉軍 69

유동열柳東說 80, 83~85, 87, 120

유림柳林 122

유미영 123

유영조劉永祚 66

유요劉堯 71

유월한국혁명동지회留粵韓國革命同志會 75

유진동劉振洞 132

유철선劉鐵仙 76, 94

유평파劉平波 123

유희권柳希權 59, 69

육군참모학교 118~120

윤기섭尹琦燮 50, 116, 117, 129

윤난영尹蘭英 117

윤세주尹世胄(이명 石正·尹小龍) 117

윤용자尹容慈 123

윤원장 132

윤월연尹月娟 60~61

윤응념尹應念 27, 35~37

윤치평尹治平 117

윤현진尹顯振 27

의열단 75

이가명李嘉明 71

이건우李健宇 122

이경신李敬信 40

이광수李光洙 39~40

이광李光 74, 123

이광제 132

이국영 123

이규서李圭瑞 40

이기연 75

이동휘李東輝(이명 李誠齊·李覺民) 38~39, 41~42

이마대李馬大 17

이범석李範奭 103

이법융李法融 71

이사영李士英 128, 131

이상백李相佰 115

이상일 74, 75

이상정李相定(이명 李然皓) 81, 83~89, 94, 97~98, 100~106, 111~120, 122, 129, 132~135, 137~139

이상화李相和 105, 114~115

이석화 132

이숙진李淑珍 123

이순승李順承 123~124

이승만李承晩(이명 李承龍) 38~39, 41

이승훈李昇薰 19

이시영李始榮 55, 57

이여성李如星 60

이연호李然浩 86, 132, 135

이영무李英茂 60, 67, 71~75, 77~80, 93~94, 102, 128~129, 131, 140

이영준李英駿(이명 王現之·陳義路) 117

이용선李用善 42

이용직(이명 李秉雲) 76, 94

이웅 132

이월영李月英 107, 109

이유필李裕弼(이명 李祐弼) 40, 50

이일영李一永 22, 132

이일우李一雨 111

이정규李丁奎 74

이정호李貞浩 122

이직문直文 86

이청천李靑天 120

이초생李初生(이명 李載祥·秋田豊) 116

이초李超 42

이춘李春 60, 67, 72

이춘암李春巖 117

이탁李鐸(이명 李濟鏞) 32

이헌경 123

이혜경李惠卿 17

이회영李會榮 74

이효덕李孝德 17

이희경李喜儆 44

인성소학교 67

인성학교仁成學校 49, 50~52

일본육군사관학교 56, 58

임국영林國英 116

임득산林得山(이명 林亨一·陳豊善·林一山·林如松) 27, 89, 116~117

임시정부경제후원회 89

ㅈ

장대현교회章臺峴教會 9, 11, 13, 21, 25, 28~29, 143

장덕진張德辰 32, 34, 67~68

장문명張文明 8, 9

장붕張鵬(이명 張滄南) 39

장성 94

장성심張聖心 19, 20

장성철張聖哲 76, 131

장여한張汝漢 71

장유곡張有谷 71

장자재張子才 83

장재순張在淳 26

장제스[蔣介石] 75, 88, 92~93, 98, 102, 107

장지일張志日(이명 張志一) 60, 67~68, 73

장쭤린[張作霖] 55, 76, 82~83, 88

장쯔지앙[張之江] 76~77, 80, 83~84, 100

장태준張泰俊 66

장흥張興(이명 張基鎭, 중국 이름 宋縣憲) 113, 115~117

저장[浙江]의약전문학교 45

적기赤旗사건 86

적색노동조합赤色農民組合 60

전거의錢居義 72

전보균錢寶鈞 76

정신貞信여학교 45

정유택鄭裕澤 105, 106

정익성鄭益成 19, 20

정인과鄭仁果 38

정일명鄭日明(이명 鄭八仙·高信葉) 116~117

정재섭鄭再燮 131

정정산 123

정정화鄭靖和(이명 鄭妙喜) 123~124

정진正進여학교 20

정화암鄭華岩(이명 鄭賢燮·鄭允玉) 74

정흥순鄭興順 50

조경학曺景學 9

조념석趙念錫 94, 97~98

조동선趙東善 135

조만식曺晩植 9

조상섭趙尙燮 40, 135

조선민족전선연맹 117

조선민족해방동맹 127

조선민족해방운동자동맹 117

조선민족혁명당 115~117, 123~124, 127, 132

『조선연감』 144

조선혁명군사정치간부학교 104, 106, 116

조선혁명당 122

조선혁명자연맹 117

조성환曹成煥(이명 曺煜) 41, 120, 123, 128

조소앙趙素昻(이명 趙鏞殷) 66, 125

조시원趙時元(이명 趙鏞元) 123, 144

조용제趙鏞濟(일명 趙慶順) 123~124

조제천趙濟川 71

주봉은 32

주영윤朱永允 66

주요한朱耀翰 39~40, 100

주취천朱翠天 94, 97~98

『중국유기中國遊記』 101

중앙육군군관학교 항공대 103

중앙항공학교 103~104, 118

지장之江대학 48

진경운陳慶雲 107

진광복陳廣福 71

진남포 엡윗청년회 31

진남포교회 37

진서하陳棲霞 71

천지메이[陳其美] 58

청심淸心학교 38

초량草梁소학교 45

최덕신 144

최동오崔東旿(이명 崔學源·崔東五) 41, 123

최선화崔善嬅(이명 崔素貞) 123, 124

최순덕崔順德(이명 崔信德) 19, 26, 36~38, 40, 45

최용덕崔容德 90, 102, 128~129, 131, 140, 144

최용태崔用泰 93

최의경崔義卿 17

최자혜崔慈惠 17

최장학崔章學(이명 陳嘉明) 117

최창익崔昌益(이명 李建宇·崔東宇·崔昌錫·崔昌淳) 116

최철성崔鐵城 131

최형록崔亨祿 123~125

추도가 50

ㅊ

차광석車光錫 29~30

차리석車利錫 40

차묘석車妙錫 30~31

차순석車純錫 30, 32

차영천 52

차오쿤[曹錕] 55

차진희車鎭姬 19

채광덕蔡光德 17

천자강千自江 117

천중밍[陳炯明] 58

ㅋ

쿵자좡[孔家莊]비행장 80

ㅌ

타치가와[立川]비행학교 102

탕지야오[唐繼堯] 57~59, 65, 66, 69, 73

ㅍ

펑위샹[馮玉祥] 76, 82~84, 98, 101

편성심片聖心 23
평남도청 22, 32~33
평양감옥 22
평양경찰서 22~23, 29, 34
평양고등보통학교 22
평양기독교서원 19
평양부청 34
평양재판소 22
평양청년회 여자전도대 29, 30
폴린 리Pauline Lee 132
푸에라린Puerarin 44
프랑시스 63~64

한일래韓一來 117
한중문화협회 144
한지성韓志成 122
항공교련소航空教鍊所 54
항공준비위원회 140
항공처 부비항원副飛航員 80
항일동맹단 138
항저우 의학전문학교 45
항저우항공대 103
허잉친[何應欽] 89
허정자許貞子(이명 秀嘉伊·許貞淑) 116
현보라玄保羅 50
호국독립단 41
호시코[星子] 20
홍도여자중학교 96~97
홍따오여학교[弘道女學校] 44, 46~52, 98
홍마태洪馬太 18
홍진洪震 122
홍洪마리아 17
화동華東한국유학생연합회 98
화중군사령부華中軍司令部 119
황보덕삼皇甫德三 28
황성도黃聖道 18
황신덕黃信德 17
황애덕黃愛德 17
황푸군관학교[黃埔軍官學校] 75, 98, 113
후징이[胡景翼] 74~75
흥사단 39~40
흥사단 원동위원부 132
흥사단 원동임시위원부遠東臨時委員部 40
흥사단 원동지부 132

ㅎ

하문화[夏文華(薛如)] 60~61
한국광복군 125, 128, 130~131
한국광복운동단체연합회 117
한국광복진선청년공작대韓國光復陣線靑年工作隊 124
한국국민당 122, 125
한국독립당 122~125, 127
『한국독립운동지혈사』 24
「한국애국부인회 재건 선언문」 125
한국애국부인회 122, 124~127, 128
『한국연감韓國年鑑』 143~144
한국청년회 127
한국항공건설협회 140
한국혁명여성동맹 122~123, 125
한문이韓文伊 85
한선부韓善富 19~20, 30, 32

대한독립을 위해 하늘을 날았던
한국 최초의 여류비행사 권기옥

1판 1쇄 인쇄 2016년 12월 9일
1판 1쇄 발행 2016년 12월 20일

글쓴이   윤선자
기 획   독립기념관 한국독립운동사연구소
펴낸이   윤주경
펴낸곳   역사공간
          주소: 04034 서울시 마포구 양화로 11길 18 원오빌딩 4층
          전화: 02-725-8806, 070-7825-9900
          팩스: 02-725-8801, 0505-325-8801
          E-mail: jhs8807@hanmail.net
          등록: 2003년 7월 22일 제6-510호

ISBN 979-11-5707-124-1 03900

역사공간이 펴내는 '한국의 독립운동가들'

독립기념관은 독립운동사 대중화를 위해 향후 10년간 100명의 독립운동가를 선정하여,
그들의 삶과 자취를 조명하는 열전을 기획하고 있다.

001 근대화의 선각자 - 최광옥의 삶과 위대한 유산

002 대한제국군에서 한국광복군까지 - 황학수의 독립운동

003 대륙에 남긴 꿈 - 김원봉의 항일역정과 삶

004 중도의 길을 걸은 신민족주의자 - 안재홍의 생각과 삶

005 서간도 독립군의 개척자 - 이상룡의 독립정신

006 고종 황제의 마지막 특사 - 이준의 구국운동

007 민중과 함께 한 조선의 간디 - 조만식의 민족운동

008 봉오동·청산리 전투의 영웅 - 홍범도의 독립전쟁

009 유림 의병의 선도자 - 유인석

010 시베리아 한인민족운동의 대부 - 최재형

011 기독교 민족운동의 영원한 지도자 - 이승훈

012 자유를 위해 투쟁한 아나키스트 - 이회영

013 간도 민족독립운동의 지도자 - 김약연

014 대한민국 임시정부의 민족혁명가 - 윤기섭

015 서북을 호령한 여성독립운동가 - 조신성

016 독립운동 자금의 젖줄 - 안희제

017 3·1운동의 얼 - 유관순

018 대한민국임시정부의 안살림꾼 - 정정화

019 노구를 민족제단에 바친 의열투쟁가 - 강우규

020 미 대륙의 항일무장투쟁론자 - 박용만

021 영원한 대한민국임시정부의 요인 - 김철

022 혁신유림계의 독립운동을 주도한 선각자 - 김창숙

023 시대를 앞서간 민족혁명의 선각자 - 신규식

024 대한민국을 세운 독립운동가 - 이승만

025 한국광복군 총사령 - 지청천

026 독립협회를 창설한 개화·개혁의 선구자 - 서재필

027 만주 항일무장투쟁의 신화 - 김좌진

028 일왕을 겨눈 독립투사 - 이봉창

029 만주지역 통합운동의 주역 - 김동삼

030 소년운동을 민족운동으로 승화시킨 - 방정환

031 의열투쟁의 선구자 - 전명운

032 대종교와 대한민국임시정부 - 조완구

033 재미한인 독립운동의 표상 - 김호

034 천도교에서 민족지도자의 길을 간 - 손병희

035 계몽운동에서 무장투쟁까지의 선도자 - 양기탁

036 무궁화 사랑으로 삼천리를 수놓은 - 남궁억

037 대한 선비의 표상 - 최익현

038 희고 흰 저 천 길 물 속에 - 김도현

039 불멸의 민족혼 되살려 낸 역사가 - 박은식

040 독립과 민족해방의 철학사상가 - 김중건

041 실천적인 민족주의 역사가 - 장도빈

042 잊혀진 미주 한인사회의 대들보 - 이대위

043 독립군을 기르고 광복군을 조직한 군사전문가 - 조성환

044 우리말·우리역사 보급의 거목 - 이윤재

045 의열단·민족혁명당·조선의용대의 영혼 - 윤세주

046 한국의 독립운동을 도운 영국 언론인 - 배설

047 자유의 불꽃을 목숨으로 피운 - 윤봉길

048 한국 항일여성운동계의 대모 - 김마리아

049 극일에서 분단을 넘은 박애주의자 - 박열

050 영원한 자유인을 추구한 민족해방운동가 - 신채호

61 독립전쟁론의 선구자 광복회 총사령 - 박상진

62 민족의 독립과 통합에 바친 삶 - 김규식

63 '조선심'을 주창한 민족사학자 - 문일평

64 겨레의 시민사회운동가 - 이상재

65 한글에 빛을 밝힌 어문민족주의자 - 주시경

66 대한제국의 마지막 숨결 - 민영환

67 좌우의 벽을 뛰어넘은 독립운동가 - 신익희

68 임시정부와 흥사단을 이끈 독립운동계의 재상 - 차리석

69 대한민국임시정부의 초대 국무총리 - 이동휘

70 청렴결백한 대한민국 임시정부의 지킴이 - 이시영

71 자유독립을 위한 밀알 - 신석구

72 전인적인 독립운동가 - 한용운

73 만주 지역 민족통합을 이끈 지도자 - 정이형

74 민족과 국가를 위해 살다 간 지도자 - 김구

75 대한민국임시정부의 이론가 - 조소앙

76 타이완 항일 의열투쟁의 선봉 - 조명하

77 대륙에 용맹을 떨친 명장 - 김홍일

78 의열투쟁에 헌신한 독립운동가 - 나창헌

79 한국인보다 한국을 더 사랑한 미국인 - 헐버트

70 3·1운동과 임시정부 수립의 숨은 주역 - 현순

71 대한독립을 위해 하늘을 날았던 한국 최초의
   여류비행사 - 권기옥